叢書・ウニベルシタス　1167

レヴィナスの論理

ジャン＝フランソワ・リオタール
松葉 類 訳

法政大学出版局

Jean-François LYOTARD : "LOGIQUE DE LEVINAS"
Textes rassemblés, établis et présentés par Paul AUDI, Postface de Gérald SFEZ

This book is published in Japan by arrangement with Éditions Verdier,
through le Bureau des Copyrights Français, Tokyo.

レヴィナスの論理◉目次

レヴィナスの論理

凡例

一　本書は Jean-François Lyotard, *Logique de Levinas*, Verdier, 2015 の翻訳である。
二　傍点は原書の強調を示すイタリック体。
三　〈 〉は原書の強調を示すイタリック体および術語的表現。
四　『 』は原書の作品名を示すイタリック体。
五　「 」は原書の引用符。
六　（ ）および［ ］は原書に準じる。
七　〔 〕は訳者による補足。
八　原註は行間に番号（1、2、3……）を付して側註とした。

本書の紹介

ポール・オーディ

本著作によって発見しうるのは——ある者には再発見であろうが——、ジャン＝フランソワ・リオタールの五つのテクストである。そこではエマニュエル・レヴィナスの思想についての深く、けっして否認されない哲学的関心が表現されている。またそこでは、リオタールがこの思想に対してまさに行おうとした解釈、様々な水準できわめて独自の解釈が示されている（独自というのは、この解釈が規約上、あらゆる種類の註釈をみずから断固として寄せつけない著作への註釈を警戒しているからである）。そうした解釈が残した痕跡は『文の抗争』（*Le Différend*）の著者が一九九八年に訪れたその死まで絶えず追究した一連の思索において垣間見られる。私はこの長きにわたる思索について、一つの描線をもって次のように要約することにしよう。この思索は「存在の問い」と他者との関係において、あるいはむしろこの問いとのあらゆる関係における他者の不在において、「他者の問い」を保持しようとする。これら二つの問いが、思弁的枠組みにおいて互いに対置されているがゆえに根本的に和解不能でジレンマをなすという特徴ほど、実際おそらくリオタールの精神を感得しうるものはない。少なくとも述べうるのは、この枠組みは出来事をけっして正当化しないが、あらゆる到来するものが到来することを、けっして防ぎ止めようともしないということだ。

この著作集のアイディアが訪れたのは、個人的にとても重要であるリオタールの著作を研究するなかで、『レヴィナスの論理』なるタイトルが付されたテクストがこれまでフランス語の統合版で出版されなかったことに気づいた日だった。十人ほどの著者が『全体性と無限』の哲学者を称えて書いている、フランソワ・ラリュエルによる論文の「集成」または一種の記念論文集、『エマニュエル・レヴィナスのためのテクスト』(*Textes pour Emmanuel Levinas*) のなかにその一部が収められているが、それしかなかった。この書物はジャン゠ミシェル・プラス社から一九七八年に出版されたが、いまでは絶版となっている。現在までに知られている限り、完全版のテクストはイアン・マクラウドが実現し、アンドリュー・ベンジャミンが編集した一九八九年ブラックウェル社の『リオタール読本』(*Lyotard Reader*) なる英語版のみである。ドゥセ図書館のジャン゠フランソワ・リオタール文庫に収められた『レヴィナスの論理』のタイプ原稿版が発見されたことで、その出版が可能となっただけでなく、緊急とは言わないまでも必要となった。その理由となるのが、このテクストが有する、フランスにおけるレヴィナス思想の受容史における重要性と、それに加えて、リオタールの著作の最初期において間違いなくその後の彼の思想と感覚の一つの負債となる決定的な契機で覆いつくされた論点である。この負債とは、リオタールがみずからの歩みにおいてつねに強調しようとした行為――「思考することの名誉を救うこと」――の名のもとに彼自身の仕方で返済されたとみられるものである。この原稿の出版は、遅くなったとはいえ、まったく哲学的な一つの出来事である。このことはジェラール・スフェズがあとがきにおいて力強く正当に示しえている。

『文の抗争』を書く前に、つまり世に出る前に――しかしなんという出方《ソール》なのだろう、それは「哲学の時間」が来る際に一つの議論が含む、確固たる運命《ソール》である――、ラカンの表現を繰り返すなら「真理の不能」と呼びうる時期に、リオタールは「義務」と名づけられた通約不能な現象の重要性を判じることに専念していた。というのも「義務」と題された『文の抗争』の第五部において彼がただちに展開しているように、哲学への途を拓くのは倫理であってその逆ではない。合理性を重視し、七〇年代においてレヴィナスのかくも特異で「あまりに文学的」と評されるテクストに対していまだその合理性を認めなかった人々に、レヴィナスの思想を近づきやすくすることが、この時期にすでにあたかも彼にとって重要であったかのようだ。リオタールは最も新しく、凝縮した贈り物をレヴィナスへ送ることを選択した。それは研究という形のもとで、次の三つの行為において示される。

――レヴィナスの第一哲学に含まれる論理を、そこから解き放つこと。この論理は、レヴィナス哲学において展開される思考というよりも、この思考が何よりもまず検討しようとするものの管轄にある。つまり倫理的法が、普遍的なものとしてみずからの内容を受け手に示しうるより前に、また同時に、いかなる正当化がなされるより前に、その受け手にみずからを強いる、この強制の論理である。

――リオタールの目に現象学の原罪と映っていた(彼はたびたびそのように説明していた)、その人間中心主義をなお表象するものから、レヴィナスの義務論を放免すること。というのも、とくにレヴィナスの場合、彼はその書物に行き渡る精神――現前すればかならず、定義上みずからを構成しているとされるものさえただちに剝奪される自我《エゴ》――よりもむしろ、そこに書かれていることに専心していたのだが、それはリオタールが『言説、形象』(*Discours, figure*, Paris, Klincksieck, 1971)以来この罪を避けようとし続けていたからだ。彼は、その後『文の抗争』の言語論的転回を遂行することで、その強迫観念を手放すことになった。この方向転換はすでに、この著作集のなかで最も古い二つのテクストにおいて最初に採用されていたし、ある点ではそれらが残した影であると十分考えうる『正しくは』(*Au juste*, Paris, Christian Bourgois, 1979)においてもそうである。

――レヴィナス自身というより彼の読者に対して、彼の思想が「ユダヤ的思想家」のものであることを思い出させること。さらに、レヴィナスは哲学的にはユダヤ性を主張してはいないけれども、このユダヤ性が彼の「論理」に対して、その厚みは言うに及ばず、その高さを与えるものにほかならないということをも思い出させること。このユダヤ性は、彼の二人のドイツ人の師であるフッサールとハイデガーの認識をめぐる規制から十分な距離をとって――この距離がどれほどのものかはいまだ測られていないにせよ――このような高さを与えているのである。

そしておそらく、『困難な自由』の著者にとって彼の解釈者であるリオタールを理解できなかったのは、最後の点――『文の抗争』の三年後、セーヴル・センターにおけるリオタールとレヴィナスのあいだで始まった討論の主題――についてである。というのも、レヴィナスの目には、哲学的理性はつねに特異な来歴と精神的な帰属とをまったくもたないでいるべきだからである。もっともレヴィナスがその議論のなかで、彼とリオタールが対立した抗争《ディフェラン》においてやり取りしながら、リオタールにとって決定的な部分がそのときいかなる点にあったのかに気づいていたかどうか、私は知らない。重要だったのは（ジェラール・スフェズがあとがきでまさにこの点について主張している）、つまり、西洋的思考の流れへのギリシア人による監視から、よりうまく逃れることができるために、「ユダヤ的倫理」――リオタールはそう呼称するようになる――が道徳哲学の伝統的言説に抗して実行する切断を明らかにすることである。少なくとも言いうるのは、この言説がユダヤ的倫理の存在を無視するかのごとく装ったり、その内容をまったく撥ねつけることによって、その影響力を弱めようと躍起になったということだ。実際リオタールにとって喫緊の課題とは、倫理の言説から、それが一般に伝える意味作用を超えた意味を言説へと付与することのできる形象を生ぜしめることだった。この形象において、ユダヤ教はその起源から〈まったき他者〉への召喚と呼ぶべきものを結晶化しようとしており、この点に還元不能で絶対的な他律による無条件の支配が反映されている。こうして、あたかも『言説、形象』に含まれる主張が、いまだ同意しない者たちを説得するための新しい例証を――今度はもはや美学のみならず倫理学をも扱うことによる適用例を――待ち望んでいたかのようにみえる。しかしながら、倫理の言説に――あるいはむしろカントとレヴィナスの思考対象であったメタ倫理学に――姿をのぞかせる形象を明らかにすることで、リオタールは彼が著した書物の教訓を適用する以上のことをした。リオタールは、責務あるいは実践理性の言説が示してはいるがけっして述べるのに成功していないものについて強調しながら、とりわけあらゆる義務感情がつねにすでにユダヤ教の精神的な場所において負っている負債を、自分のものとして引き受けることを望んでいたのだ。レヴィナスは自分の仕方でこの負債の場所と定式をタルムードの戒律において認識していた。聴く前に為すことである。

したがって、このような義務の論理、あるいはその効力の文法、それが前提する聴くことの語用論が、リオタールによる倫理という領域の探究における関心対象であった。『正しくは』(一〇一頁)において、この探究のアウトラインは次のような仕方で描かれていた。

効力のない言説は存在しないと私は信じている。しかし、規制的な言説の効力は特殊で、他の言説に類似していないということは確かだ。規制的な言説を他の言表から分かつのは、それらが自分の形式のなかに自分自身の効力を明らかに予期しているということだ。規制的な言説が通俗的な意味での効果を伴わなかった場合であっても、確かなのはそれを受け取る者がみずから義務のなかにいるのを見出すということだ。それに応えるにせよ、応えないにせよ、望むがままにするにせよ、義務のなかでそうするのだ！　命令は受け手に対して何らかの直接的な効用をもっているが、それは義務的状況を作り出すという効用だ。それは応答に「先立ち」、しかもその内容の理解に「先立つ」のである。

いかなる効力なき効力が問題となっているのか。あらゆる自発性の前に、いかなる直接性が重要なのか。この服従に先行する従属とは何か。あらゆる点から考えて、これらの問いが現象学的には底知れないものであるとしても――これらの問いは探究されるべき時間性という語義に頼ることを命じているのではないか――、少なくとも確かなのはここに統合されたすべてのテクストを繋ぎ合わせるために参照されるべきなのは、まさしくこれらの問いだということである。この規制的言説の絶対的な先行性はあらゆる意識の目覚めを越え、つまりあらゆる志向的関係とあらゆる意味と内容の付与を越えている。彼がレヴィナスの主題のなかに『実践理性批判』によって投げ返された光の助けを借りてこの先行性を発見して以来、リオタールはそれに関する粘り強く、注意深く、良心的な思想家、言い換えれば擁護者であろうとしていた。というのも、少なくとも彼には、倫理の位置づけが問題になる際に、それまで倫理を最も重く見積もっていた唯一の思想家――カント――とともに説明に取り掛かることが避けがたく思われたからである。

リオタールは、このように二人のエマニュエル（インマヌエル）の道徳的感性へと結び付けられているがゆえに、〈他者〉の意味、〈他者〉の唯一の現前が前提とする責任、そして同様に〈他者〉が伴うことのある抗争に関する省察を定期的に行っている。生み出された時系列に従えば、次の四つのテクストが本書で「レヴィナスの論理」の後に続いている。

――「レヴィナスの論理」とほとんど同時期の「規制的言表における他者と、自律の問題」と題された講演。そのなかで――『言説、形象』と『リビドー経済』（*Économie Libidinale*, Paris, Minuit, 1974）においてすでに直面していた――現象学の諸限界が、言説の類的還元不能性、「言語の戯れ」の複数性という観点からふたたび問い直される。リオタールの言によれば、これらの限界は規制的言説と記述的言説の絶対的な分離を基礎づけているのである。この講演はローマのフランス文化センターで一九七七年十月から一九七八年二月まで行われた「西洋とその他者たち」という講演会の一環として、一九七八年二月二四日に行われたものだ。一九七八年にオービエ＝モンテーニュ社から、クリスチャン・ドゥラカンパーニュによって序文を付され、『余白に――西洋とその「他者たち」』（*En marge : l'Occident et ses « autres »*）と題された論文集に収められたが、それ以来再版されていない。

――レヴィナス哲学を扱う、ギィ・プティドマンジュとジャック・コレットの署名入りの二つの発表に続いて、リオタールがレヴィナスと一九八六年にセーヴル・センターで行った議論。この研究会は録音されて書き起こされ、一九八八年にオシリス社から『知とは別様に』（*Autrement que savoir*）というタイトルの下に出版されたが、おそらくこの研究会のなかでこそ、リオタールはそれまで彼自身をレヴィナスの思考に関係づけていた視点をさらにうまく取り出そうとするに至る。

――一九九三年にアムネスティ・インターナショナルによって主催された「人権についてのオクスフォード・アムネスティ」の一環として、オクスフォード大学で発表された「〈他者〉の諸権利」という主題をもつ講演。このテクストについてはクリス・ミラーとロバート・スミスによる英語翻訳のみが、ステファン・シュートとスーザン・ハーレー監修『人権について』（*On Human Rights*, New York, Basic Books, 1994）に収められ「他者の権利」というタイトルの下で出版されている。原典のテクスト（Fonds JFL 278/3）は今回まったく初めて出版される。

――一九九六年に開催された『ハムレット』に関する学会の際に書かれた講演原稿。この学会はダニエル・メギッシュによる『ハムレット』のリール国立劇場での上演に際して、『カイエ・ド・（ラ・メタフォール）』誌が主催したものである（*Cahier de (la Métaphore)*, « "L'autre scène". William Shakespeare, *Hamlet*. Molière, Dom Juan », n° 14, mai-juin 1996 を参照）。このテクスト（Fonds JFL 290/3）もまた今回初めて出版される。

「レヴィナスの論理」は著者自身によって未完《ワーク・イン・プログレス》であると紹介されている。その証拠にこのテクストは二つの問いを残して終わっており、その答えが見出されるのは五年後（一九八三年）、『文の抗争』の「レヴィナス解題」においてである。つまり、リオタールとレヴィナスの思想的関係の図録を完成させるために、この解題もまた本書の概要目次に登場していなければならなかったであろうし、九〇年代半ばにおいてリオタールがエリザベス・ウェーバーと行った特筆すべき討論もまた理想を言えば再録されねばならなかった。この討論は『ハイデガーと「ユダヤ人」』（*Heidegger et « les juifs »*, Paris, Galilée, 1988）の拙速な編集によってまったく意図せず生じてしまった不明瞭さを払拭することに大きく貢献できただろう（当該対談は『ユダヤ教への問い』〔*Questions au judaïsme*, Paris, Desclée de Brouwer, 1996〕に収められている）。私は読者諸氏がこの本を補足的に参照することをお勧めする。

ドゥセ図書館のリオタール文庫の探究によって明らかとなったのは、おそらくは一九七七年に始まる「レヴィナスの論理」の執筆において、リオタールは諸々のメモと草稿とを積み重ねることになったということだ。このテクストに関する複数の原稿（Fonds JFL 217/1–3）があることから、『エマニュエル・レヴィナスのためのテクスト』に収められたテクストが執筆中に何度も書き直されたことが証明される。ところがおそらくこの著作は著者を満足させるには十分ではなかった。というのも、一九七八年二月から三月にかけて、ある講演準備のために彼がこのテクストを読み直している際――タイプ原稿の一つが示すように、この講演は「規制的言表とメタ言語の問い」と題され、私が正確に位置を特定するに至らなかったモントリオールのある場所で発表されたのであるが――、リオタールは複数箇所を修正しなければならないと感じていた。それは講演という形式のための軽微な見直しをはるかに超えるものだった――修正、明確化、削除を行う必要があったのだ。それらの修正は、リオタールが自分の問題系に出会うことで非常に早期に行うことができた後退を映し出す以上に、彼の思考の道行、最も注目すべき徴表を証言している。すなわち、最初の数頁において「命題」あるいは「言表」の代わりに、――『文の抗争』の鍵語である――「文」(phrase)という語を紙上に鉛筆で書き込んでいるのである。

「レヴィナスの論理」の最終版を含む書類 217/4 のなかに挟み込まれた二つのファイルのおかげで、彼自身のテクストについてリオタールが行った介入の順序を可能な限り再構成することができた。

原稿十七枚からなる最初のファイル(Aと呼ぼう)は、フランス語では未公刊であった「レヴィナスの論理」の最初の三章を含んでいる(事実、ジャン゠ミシェル・プラス社から出版されたテクストは、実際、突然始まっている)。統合的にテクストを英語に翻訳しうるように、おそらくこれらの断片もイアン・マクラウド社にてふたたび出版されることになるだろう。

原稿六〇枚からなる二つ目のファイル(Bと呼ぼう)は、テクスト全体を含む。より正確には原本のタイプ原稿（Fonds 217/3）のコピーであり、すでに鉛筆での修正が施されており、後にフランソワ・ラリュエルへ送られたものだ。このコピーはモントリオールでの講演のために紙上に鉛筆で加えられた修正を含んでいる。ときに呼格となる挿入節は、それ自身で非常に明快な単純化への意志を証言している。これらのすべてが「レヴィナスの論理」の最終版を構成している。それは、ジャン＝ミシェル・プラス社からの部分的な出版と未公刊だった導入部分の章を含む英語翻訳に続く版である。この諸版の作成順は、用いられているタイプ原稿の保管者によって証明されている。Bの最初の部分の原稿はAのコピーであり、このAはすでにインクで修正された原本のタイプ原稿の最初の諸頁に相当し、そのコピーは部分的な出版のためにフランソワ・ラリュエルに送付されることになった。しかしBは紙上に鉛筆での書き込みを含んでおり、その書き込みはAのさらなる修正のみならず、同様にテクスト全体にわたっている。これらの重要な書き込みはすべて、テクストの脚註に（〔編註〕として）置いた。

ドロレス・リオタールへと最上の謝意を表することなく、この短い紹介文を閉じることは不可能である。それは、彼女が私に証言してくれた際の厚意、この出版計画を知るや否や彼女が示してくれた情熱、テクストを総合する際に私たちに与えてくれた忍耐強く絶え間ない助力に対する謝意である。

同様にジェラール・スフェズへも、その正確なあとがきに対して感謝したい。リオタールの作品に対する彼の類まれなる知識は、かの哲学者が永遠かつ不可能な「〈他者〉の問い」に答えるために辿ると決めた哲学的な道程の全体に対して、最も明るい光を投げかけてくれた。

私の感謝はミカエル・レヴィナスへも向かう。彼は非常に寛大にも、セーヴル・センターでエマニュエル・レヴィナスが示した主題を私たちがここに再録することを受け入れてくれた。最後にコリーヌ・エノドーとジャン＝ミシェル・プラスにも感謝する。彼らは、このジャン＝フランソワ・リオタールの「新たな」書物の実現を自発的にサポートしてくれた。この書物がかの哲学者の著作目録において、与るべきすべての場所をいち早く得ることを、私は望んでいる。

二〇一五年一月二九日、パリにて

第Ⅰ部

編集者付記

一　〔編註〕付の註は紹介文で述べられているタイプ原稿に応じた、編集者による註である。

二　「CM」はモントリオールでの講演のために加えられたテクストの書き直しを意味している。

三　他の註はジャン゠フランソワ・リオタール自身による。

レヴィナスの論理

次の文章はある（執筆中の）テクストの抜粋である。そのテクストの目的は、外示的言表、こう言った方がよければ記述的言表に対する、規制的言表の通約不可能性を打ち立てることにある。それに先立って、ヘーゲル的な迫害を前に、レヴィナス思想の状況が試される。この試練によって、註釈の問いと、後に見るようにカントの『第二批判』との対立とが、私たちの省察の核心においてもたらされる。読者は最後に気づくだろうが、この文章がもたらすことになる帰結と結論は、非常に概略的で性急なものである。

1

まず、註釈を罠にかけるのは、ある言説である。この言説は註釈を惹きつけ、誤らせる。このようにして言説が逃げ去ることのなかに、思弁的でありまた政治的でもある主たる論点が存する。この誘惑の諸段階を見てゆこう[1]。

レヴィナスは絶対的他者の迎え入れを要求する。この規則はまたレヴィナスを註釈する際にも適用される。したがってその著作の他性を損ねてしまわないように注意しなければならない。私たちはその同化と順応に抗して闘うであろう。それは私たちが負うべき最小の正義である。これが註釈の最初の形象であり、それは解釈学的形象、すなわち善意の言説である[2]。

しかし、善意はけっして十分善くはない。あるいは、他性の要求はけっして満たされない。他性の要求に対する最良の答え方とは、著作と註釈の差異[3]を際立たせることであると考えられる。レヴィナスに関して、レヴィナスにとって異質な点について論じれば論じるほど、彼の訓示を守っていることになる。そしてまた、それに従ってレヴィナスは註釈を迎え入れなければならない。異教徒以上にタルムード学者にとって異質なものとはたとえば何か。第二の形象は逆説的な形象、すなわち両義性の言説である[4]。

第二の形象から第三の形象を分かつものは何もない（そしてこの何もなさによってレヴィナスは異教徒を好まない）。第三の形象に従って、その註釈者は他性について付け加える。レヴィナスは次のように述べる。あなたが望むから、私は私に似た者としてではなく、似ていない者としてあなたを扱う。あなたを誤って扱うことでのみ、あなたに正義を為すことができる。実際、正しくあるとすれば、それはあなたに従って他性を迎えることであり、それゆえ私があなたの正義の言説に対して正しくありうるのは、この言説に関して不正である場合のみである。さらに言えば、あなたはあなたの法に沿って私に正義を為すべきだということになる。したがってもし私がヘーゲルの『キリスト教の精神』のように、(5)あなたの神の無限性とはあなたの民族の獣性であり、あなたの書物の文字とはその愚かさだと述べた場合、あなたの民族とあなたは私にこう言わなければならないだろう——それで正しい、と。(6)

(1)〔編註〕「思弁的でありまた政治的でもある」「この誘惑の諸段階を見てゆこう」の上に取り消し線が引かれ、代わりに「他性をヒューマニズムの枠組みで考える〔という論点〕」と書かれている。
(2)〔編註〕「善意」の後にリオタールは「神聖な文が考えさせる象徴」と書いている。
(3)〔編註〕取り消し線：「他性」
(4)〔編註〕文の書き換え：「フロイト的反駁——神聖な文はあなたが聞いたものを述べ、またその反対のことをも述べる」。
(5)次を参照。E. Levinas, « Hegel et les juifs » (1971), dans *Difficile liberté*, Paris, Albin Michel, 1963 [1976, deuxième édition refondue et complétée], p. 304–308.〔レヴィナス「ヘーゲルとユダヤ人」、『困難な自由』合田正人監訳、三浦直希訳、法政大学出版局、二〇〇八年、三一二—三一八頁〕

それは迫害的な言説である。レヴィナスは迫害される者のパロディ化を拒む。彼はたとえばこう述べるだろう――「了解する〔＝聴く〕前に為すこと」[7]、それは註釈者がこの著作を了解したときにそれに対して為すべきことではないのか。この「為すこと」とはここでは「言うこと」（註釈を「述べること」[8]）であるが、この「為すこと」が著作において「言われたこと」を中断せず、著作を裁断する発話[9]でないならば、註釈される著作の語に従えば、その名に値せず、「言われたこと」にほかならないことになる[10]。

正義が他性に存するという原理こそが、パロディと迫害[11]とを正当化するように見える。だからこそ[12]、迫害者は次のように推論する。他性[13]のみ[14]が正しく、不正がつねに[15]正しさの〈他〉なのであれば、あらゆる不正[16]は正しい。不正に苦しむ者がこの詭弁に異議を唱えるならば、彼は彼自身の法にほかならないその大前提を批判しさえすればよいと私は明言する[17]。というのも、規則とは他性[18]であると前提が言表するならば、それは必然的にその反駁を正当化するが、この反駁によって〈他〉から〈同〉を引き出し、〈同〉から〈他〉を引き出すことができるのである。こうして迫害があるとすれば、過失は迫害された者にのみ返されることになる。彼は自分自身の法に苦しみ、自分自身に反駁される。これがヘーゲル的記述のメカニズムである。この現象学は、彼の「私はあなたの言うことを聴く」によって皮肉を言うのである。

レヴィナスはみずからの地盤に立ち続けながら、迫害者の註釈へと反駁しようとすることがあった。たとえば、彼はヘーゲル的他性に対して批判を加え、それが同一性の気まぐれでしかない

(6)〔編註〕追記：「そして最終的にはあなたの贖いとは「アウシュヴィッツ」である」

(7) 次を参照。E. Levinas, *Quatre lectures talmudiques*, Paris, Minuit, 1968.〔レヴィナス『タルムード四講話』内田樹訳、国文社、一九九〇年〕

(8)〔編註〕「「言うこと」(註釈を「述べること」)」に取り消し線：「文にすること(註釈すること)」

(9) E. Levinas, *Difficile liberté*, *op. cit.*, p. 268.〔レヴィナス『困難な自由』、前掲書、二七六頁〕さらに以下も参照のこと。*Ibid.*, p. 234〔同書、二三七頁〕, et *Autrement qu'être ou au-delà de l'essence*, La Haye, Martinus Nijhoff, 1974, p. 6–9, 58–75, 126, 195–205.〔レヴィナス『存在の彼方へ』合田正人訳、講談社学術文庫、一九九九年、二六—三二、一一九—一五一、二三四、三四七—三六八頁〕

(10)〔編註〕「この「為すこと」」以降の文の書き換え：「この「為すこと」が著作において文となったものを「中断」せず、著作と「対照をなす」文でないならば、註釈される著作の語に従えば、その名に値せず、「よく聴き取られたもの」にほかならないことになる」

(11)〔編註〕文の書き換え：「正義が他性に存するという原理こそが、迫害的パロディを正当化するように見える」

(12)〔編註〕「だからこそ」に取り消し線。

(13)〔編註〕追記：「の迎え入れ」

(14)〔編註〕訂正：「「迎え入れ」を修飾するために性が変わり」seule を seul へ

(15)〔編註〕「つねに」に取り消し線。

(16)〔編註〕「あらゆる不正」に取り消し線：「不正を迎え入れること」

(17)〔編註〕「と私は明言する」に取り消し線。〔この編註は指示箇所が一単語分誤っている。〕

(18)〔編註〕追記：「の迎え入れ」

（したがって正しくはありえない）ことを示そうとした。「〈存在するとは別様に〉が言表されるのは「言うこと」のなかであるが、この「言うこと」はまた、〈存在するとは別様に〉を――それがすでに〈別様に存在すること〉しか意味しないようになってしまう――「言われたこと」から引き抜くために前言撤回しなければならない[19]」。絶対的な〈他〉とは、ある〈同〉でないものでもその〈他〉でもないし、存在であるこの至上の〈同〉の只中で、存在ではないのである[20]。正しさは不正とともに弁証法的過程を辿ることはない。なぜなら正しさと不正の反駁が行われ、それらの対立が同時的となるような中性的な場などは（不眠にある場合をのぞいて[21]）存在しないからだ[22]。このような場であると自称する言説は自己肥大的である。

　さてこの反駁は反論の余地がない。そしてレヴィナスの言説において罠があるとすれば、それはまず読者を誘惑することで、彼がこの反駁へ反論しに来ることにある。この誘惑の筋道を辿ることが適当であろう。

2

　私が論じる、いわば迫害者の議論を逃れるためには、たとえば「まったき他者とはすべての存在者の他者である」といった言表における排他的選言を言い立てることでは十分ではない。反論が扱うものはつまり非常に単純である。言表において用いられる論理記号は、それがいかに強い否定であったとしても、その使用はつねに言表行為における断定を「含意する」。したがってつねに、否定的表現から肯定的表現を「演繹する」ためには、言表行為の条項を作動させれば十分である。だからこそたとえば「非存在が存在する」ということを支持しうる。なぜなら「非存在は非存在である」と言表することができるからだ。[23] こうした「演繹」を可能とする言表行為の条項は、この論証の隠れた前提を構成している──「存在するか存在しないと言われたことはすべて

（19） E. Levinas, *Autrement qu'être ou au-delà de l'essence*, *op. cit.*, p. 8.〔レヴィナス『存在の彼方へ』、前掲書、三一頁〕
（20）〔編註〕この文の強調の取り消し。
（21）〔編註〕丸括弧に取り消し線。
（22）「イリヤ」と不眠については次を参照。E. Levinas, *De l'existence à l'existant*, Paris, Fontaine, 1947, p. 93 et suiv.〔レヴィナス『実存から実存者へ』西谷修訳、ちくま学芸文庫、二〇〇五年、一二二頁以下〕; *Totalité et Inifini*, La Haye, Martinus Nijhoff, 1969, p. 114 et suiv.〔レヴィナス『全体性と無限』藤岡俊博訳、講談社学術文庫、二〇二〇年、二五〇頁以下〕
（23） Aristote, *Réfutations sophistiques*, 5, 167 *a* 1, 180 *a* 32〔アリストテレス「ソフィスト的論駁について」納富信留訳、『アリストテレス全集3』、岩波書店、二〇一四年、三八二、四四八頁〕; *Rhétorique II*, 1402 *a* 5.〔アリストテレス「弁論術」堀尾耕一訳、『アリストテレス全集18』、二〇一七年、二二七頁〕

存在する何かである」。

ここでの「含意」が詭弁であると述べうるのは、賓辞的言表という形で言表的断定を定式化することを禁じると取り決めた場合のみである。あるいはお望みならば、前述の前提が拒否された場合のみであると言えよう。

しかし実証主義とたんなる命題的論理のアポリアを避けようとするなら、この前提の使用は避けがたく、望ましいものでさえあり、したがって「詭弁」は必然的であるように思われる。すなわち言表行為の条項とは、コギトに関するデカルト的省察においてそうであるように、言表行為の「主体」から言表の「実体」を引き出す、あるいはヘーゲルの現象学的記述においてそうであるように、「主体」を「実体」に結び付けることを可能にすると見られる楔《くさび》である。示されうるのは、哲学的諸言説がいかに多様であっても、潜在的な仕方であれすべてこの条項を用いているということだ。論理学者によって――たとえばラッセルの諸言表の類型論におけるように(24)――定式化されているが、哲学者にとって当該条項が禁止されるということは、哲学が不可能であることにほかならない。

さて、レヴィナスの諸著作にはこうした言表が豊富にある。享受の主体を主題化する諸テクストにおいてまさに、レヴィナスはこの主体の構成を描写しており、そしてこの主体に関する諸言表がレヴィナスによって同様に発され、あるいは発されうるのでなければならない。というのもこの正当性なしには、主題がいかにして確証できるかがわからないからである。これが初期の著作における「現象学」である[25]。

次のように反論したくなる。この確証の過程は〈私〉の自分に関する言説にのみ適用される、そして、そこから帰結する言表の妥当性は、この言説が経験の同一性のなかに囲い込まれていること、そしてまた、レヴィナスの別の大きなテーマ、〈他者〉の超越というテーマが問題となってからは当該条項の利用が見出されえないはずだということを証明するばかりである、と。あるいはこの反論に成功した場合、絶対的〈他者〉はその外在性の言表を支持する断定に関してしか超越的でないか、または、つねに超越的であるということを示しえたならば、著作の本質的な企図を否認しえたと断言しうる。これが〔レヴィナスのテクストによる〕誘惑である。

この主題に関して、多少行き当たりばったりに『全体性と無限』における一節を引こう。レヴィナスは次のように書いている。「分離を確証する内在性は〔…〕みずからの孤独を〈他人〉と対

(24) B. Russell, *Histoire de mes idées philosophique*, trad. G. Auclair, Paris, Gallimard, 1961, chap. VIII, p. 92–206.〔ラッセル『私の哲学の発展』野田又夫訳、みすず書房、一九九七年、一一〇—一二八頁(一三章の誤記と思われる。日本語訳では一八四—一九七頁)〕

(25) 次を参照。E. Levinas, *Totalité et Infini*, « Intériorité et économie », *op. cit.*, p. 81–160.〔レヴィナス「内奥性と家政」、『全体性と無限』、前掲書、一八九—三二五頁〕そして次も参照。*De l'existence à l'existant*, *passim*.〔レヴィナス『実存から実存者へ』、前掲書、随所〕

置させることによって弁証法的に引き出すことなく、みずからに絶対的に閉じこもった存在を生起させなければならない。そして外在性が予見不能な運動において彼に話しかけ彼にみずからを啓示することができるためには、この閉じこもりは内在性からの脱出を禁じてはならない〔…〕」(26)。核心となる二つの言表がこのテクストに見出されうる。「自己は他者に先行しない」、そして「他者は自己に到来する」。これらをそれぞれ $\neg p$、q と呼ぼう。まずレヴィナスが私たちに教えるところによれば、自己が他者に先行する（$=p$）のであれば、他者は自己への啓示という偉業を達成することはないし、いかなる超越的な到来も自己に関わることはないことになる。

（1）p ならば $\neg q$ である

この関係は排他的選言によっても示される：$p \vee q$〔p または q〕

二つ目の「しなければならない」に従えば、私たちは二つのことを学んでいる。第一のこと（じつは私たちの引いた箇所よりもさらに本書の文脈において含意されているのだが）は先行する関係を確証し、選言を真と為す。つまり、他者の偉業である超越は自己の閉じこもりを条件としている。

（2）$\neg p$ ならば q である

第二はさらに「自然である」一方で、さらに驚くべきものである。すなわち、自己のみずからに対する充足に反してという形でしか、他者は自己に到来することができない。次のように表現されることになる。

（3） ￢pならば￢qである

あるいは「自己が他者に先行しないのであれば、他者は自己に到来することはない」。いかにレヴィナスがヘーゲル的迫害を免れようと骨を折っているかがわかる。外在的なものが内在的なものに反転し、内在的なものが外在的なものに反転するどころか、『精神現象学』の語で述べられるように、言表群と言表の関係群はここで他者の外在性と自己の内在性との分離を保つことができるものとして提示されている。しかし、ヘーゲルの言説から引き出しうる表現群と関係群との差異は考慮しえない。とくに、初めの二つの関係的表現と並置されている（3）の関係が構成する「言い間違い」が、ヘーゲルにおいて矛盾と止揚と呼ばれるものの最も近くにレヴィナスの言表群を近づけている。

この歩み寄りは表面的とも見えるが、そう表面的ではない。私たちはこの引用箇所にリズムを付けている二つの「しなければならない」の二つの内包を、命題的含意の形式で翻訳することで汲みつくしたのだろうか。それらはpとqという言表の部分を、多様な形で伴った必然性のみを表現するのではない。それらはある命題的な真理様相（「……は必要である」）のみを含意してい

（26） E. Levinas, *Totalité et Infini*, *op. cit.*, p. 122. 強調は引用者。〔レヴィナス『全体性と無限』、前掲書、二六二―二六三頁〕

るのではない。それのみならず、命題的な認識様相（「……は確かである」）と、とりわけ命題的ではなく（メッセージの受け手に向かう）「発話媒介行為の」様相を含意しているのである。この様相は二つの「しなければならない」を、著者が読者へ投げかける呼びかけと為す。その目的は言表（1）（2）（3）に対する同意を得るためであって、この同意がなければ読解としてのこの「会話」は中断してしまうはずである。[27] この「しなければならない」が表現する「必然性」はしたがって、レヴィナス自身の言説の語用論に関わる。もしこの言説の受け手である読者諸氏が p（自己が他者に先行すること）を受け入れるなら、q（他者が自己に到来すること）を拒まなければならないし、こちらの仲間ではなくヘーゲル主義者であることになる。

「しなければならない」の「命題的な」読解の射程は、いまだ言表のレベルにある。しかしその語用論的あるいは「発話媒介行為的な」解釈、つまりメッセージの送り手と受け手の関係を規定する発話の状況に応じた解釈は、言表という行為を考慮に入れることを強いる。こうして言表行為の条項が言表に戻ってくるのである。

しかも、その条項は習慣的な効果を伴って戻ってくる。この効果は言表的な断定のために言表の固有性（私たちのテクストの場合、選言の排他性）をほとんど無視できるものとする。それはレヴィナスの「しなければならない」とそれに相応するヘーゲルの筆による有名な表現、「私の見たところ［…］、すべては次の点にかかっている。すなわち、真を実体としてのみならず、主体としてまさしく把握し表現するということだ[28]」、あるいはあまり知られていない「絶対的なものについて、それは本質的に帰結であり、最後に真理であるものにほかならないと述べなければならない」[29]という表現とを比べることで観察できる。これらの言表が含む二つの「しなければならない」は、いま同定したのとまさしく同じ内包を有しているように思われる。とくにヘーゲルの内包では、読者であるあなたがたが、絶対的なものは帰結である、もしくは実体は主体でもあると述べることを受け入れないならば、私たちの会話、発話は途絶えてしまう。そのうえヘーゲルはためらわずに言表行為の条項を強調している。「私の見たところ」(*nach meiner Einsicht*)、また「表象的な

(27) Cf. J. L. Austin, *Quand dire c'est faire*, 1962, trad. G. Lane, Paris, Le Seuil, 1970〔J・L・オースティン『言語と行為――いかにして言葉でものごとを行うか』飯野勝己訳、講談社学術文庫、二〇一九年〕; P. Grice, *Logic and Conversation*, inédit, 1968 [publié dans P. Cole et J. Morgan (ed.), *Syntax and Semantics*, vol. 3, New York, Academic Press, 1975]〔ポール・グライス『論理と会話』清塚邦彦訳、勁草書房、一九九八年〕; H. Parret, « La Pragmatique des modalités », *Documents de travail*, n° 49, Urbino, Università de Urbino, 1975.

(28) 「私の見方では[…]、すべては次のことに依存している。つまり、真が統握され、表現されるのは実体として(だけ)ではなく、同様に主体としてもであるということだ」(*Phänomenologie des Geistes*, Hamburg, F. Meiner, 1952, p. 19; trad. J. Hyppolite, Paris, Aubier-Montaigne, 1947, modifiée ici, p. 17).〔ヘーゲル『精神現象学 第二版』牧野紀之訳、未知谷、二〇一八年、五五頁〕

(29) 「〈絶対〉について、それは本質的に帰結であると言わねばならない。それは最後にのみ、真にそれ自身となるのである」(*Ibid.*, p. 21; trad. cit., p. 19).〔同書、六〇頁〕

もの」でもあるように見える「確認的なもの」、すなわち「私が希望するのは……」、「私が望むのは……」によってそれを示しているのである。[30]

したがって厳密に述べるなら、命題的論理にとって言表的様相のゼロ地点である単純な断定が問題なのではなく、よりニュアンスを含み、発話媒介行為の射程にある言表的様相が問題なのである。いずれにせよ、「しなければならない」として言表された要素の語用論的価値がレヴィナスの言説をヘーゲルのそれと同じ領野に位置づける。第一のものは言う――内在的なものと外在的なものは外在していなければならない。第二のものは言う――内在的なものと外在的なものは内在していなければならない。両言表は命題的には正反対である。しかし発話媒介行為としては同じ形式である――倫理的言説が理に適うために内外関係の外在性を要求しなければならないのは、現象学的言説が展開しうるために同じ関係の内在性を要求しなければならないのと同様である。この点で二つの言説の命題は異ならない。

別の特徴も両者を類似させている。それらの言表の要求――じつのところレヴィナスの要求はヘーゲルのものよりも無限に多いのだが――は要求としては定式化されず、それらの諸部分（φとψ）を規定する諸様相として言表のなかに滑り込むのであり、哲学的言説の主張者たちの態度を規定する言表行為としてではない。それらはレヴィナスにあってもヘーゲルにあっても「思弁的」言表であり、そのなかで言表の形式（私たちの例では「……しなければならない」）は形式を隠しながら言表行為の審級を含意する。[31]

さてそうだとしたら、レヴィナスとヘーゲルの言表を同一視することは、前者を損なうことにしかなりえない。なぜならそれは結局次のことを含意するからである。すなわち、p と q とその関係（1）（2）（3）が表現する他者の外在性は、たとえ『存在するとは別様に』の著者によってその外在性が絶対的であると明言されていたとしても、「確定的かつ表象的な」「しなければならない」という言表の様相に従う場合、言表行為の条項に関する場合しか明らかに絶対的でありえない。そして結果として、レヴィナスの言説が第一の契機として位置づけられるべきは、言表を形成するためにこの条項の挿入が明示的に要求されるヘーゲルの言説においてである、ということになる。

　このようにして、存在論に対するレヴィナスの反駁が斥けうるということ、そして〈同〉から

（30）これらはユルゲン・ハーバーマスの分類から借りた用語。« Vorbereitende Bermerkungen zu einer Theorie der kommunikativen Kompetenz », dans J. Habermas et N. Luhmann, *Theorie des Gesellschaft oder Sozialtechnologie – Was leistet die Systemfirschung?*, Frankfurt, Suhrkamp, 1971.〔J・ハーバーマス、N・ルーマン『批判理論と社会システム理論――ハーバーマス＝ルーマン論争』佐藤嘉一、山口節郎、藤澤賢一郎訳、木鐸社、一九八七年〕次も参照のこと。J. Poulain, *Vers une pragmatique nucléaire de la communication* [dans *Dialogue*, vol. XVIII, n° 4, 1979, p. 483].

（31）哲学的あるいは「思弁的」な特性については、次を参照。V. Descombes, *L'Inconscient malgré lui*, Paris, Minuit, 1977, p. 141–178.

の倫理的言説の解放という企図は言表行為の条項を前にして失敗するということが示された。そしてこのようにして、思弁的企図と手を切らなかった者を誘うレヴィナスの言説の誘惑に、私たちは完全に屈したのである。

そのうえ、レヴィナス自身はこの誘惑を知っており、かつてはそれに屈していたということを私たちは『困難な自由』に署名する「署名」の最後の一節によって知っている。「『全体性と無限』以来、「主題化」に還元されない〈無限〉との関係を提示するのは可能であった。［…］『全体性と無限』がいまだ用いていた存在論的言語は――純粋に心理学的な意味作用を提示された分析から排除するために――今後は避けられる。そして分析自身はつねに主体がみずからと等しいものを主題化する経験ではなく、主体の志向によって計り知れないものに対して責任をもつ超越に送り返されるのである[32]」。

3

この最後の一節によって示されるのは、いかに註釈者が罠にはまったかである――つまり、レヴィナスの言説が思弁的ではないにもかかわらず、そうであるかのように扱うことによって彼は罠にはまったのだ。思弁的ということは、これまでの理解のように、そして、私たちがそう望む

ように は（論理学者にとってはうまく形式化されていない）言表が言表行為を含意する言説のみを意味するわけではない。この意味に従えば、思弁的言説は、固有のメタ言語においてみずからの命題的論理が妥当性の条件を規定する措定的言説に対立する。しかし、より「基礎的な」仕方では、思弁的なる語は別種の言説、すなわち詩人、弁護士、政治家、道徳家、教育者の言説を意味する別の語と対立する。この第二の試金石によっては、思弁的言説は措定的なものと同じ側に、つまり右に列挙した種類の言説に対立して位置づけられる。それは、外示的機能をもつ言説が義務的機能や美学的機能をもつ言説の正反対に位置づけられなければならないのと同じである。したがって措定的なものとしての思弁的言説は、真偽の規則のもとに位置づけられる種類の言説である——私たちはそれらをどちらも真か偽であると判断する。思弁的言説に固有の問題となるのは、あらゆる外示的な種類の言説に対して適用しうる真と偽の基準を、いかなる下位種の言説のなかに描き出すことができるかを決定することにある。すでに述べたように、言表行為の条項が介在するのはここにおいてである。

（32）E. Levinas, *Difficile liberté*, *op. cit.*, p. 379.〔レヴィナス『困難な自由』、前掲書、三九二—三九三頁〕

外示的でない種類の言説は、レヴィナスを信じるならば、二つに還元されるように思われる——正／不正の規則の下に位置づけられたもの、すなわち道徳的なものと政治的なものと、文学者または演説家に属するもの、すなわち「美学的」価値の管轄にあるものの二つである。レヴィナスは言説の技法に対して最大の疑念を抱いており、この技術を一貫して誘惑の技術と特徴づけている(33)。周知のとおり、彼の著作のポイントは、それとは反対に義務論的な種類の言表を哲学的言説の中心に位置づける点にある。このことが原則的に示すのは、後者の義務論的言表が、言表が真か偽かを決定する諸規定ではなく、正義か不正義かを決定する諸規定を描き出すことにあるということだ。したがって、レヴィナスの興味を引く「見事に書かれた」諸表現は、命題的論理が要求するように見事に書かれたものであってはならないように思われる。これらの表現は、論理学者の省察からは除外される——たびたび註釈されるテクストにおいてアリストテレスがそう明言するグループの言表に属している(34)。言ってみればレヴィナスに固有の言表は、その深い構造において、表面の形式がいかなるものであれ「命令的」である。正義が哲学的言説の唯一の関心事になるとしても、それは記述（外示的言表）ではなく、規制の註釈となるべき位置づけにある。

さて規制の註釈は困難な問題を提起する。「扉を閉めろ」といった命令について、その註釈は命令ではなく記述となる。規制的言表は外示的言表を生み出してしまう。

コミュニケーション的語用論の語によれば、註釈者は第一のメッセージ（ここでは命令）の受け手でありながら、第一のものを指向する第二のメッセージの受け手としても位置づけられるようになる。その一方、新たな受け手（たとえば註釈の読者）は第一のメッセージに対して註釈者が有していた役割を占めるようになる。最初のメッセージが外示的である場合、註釈者もまた外示的であり、彼が註釈するものと同じ種類のなかにみずから固有の言説を保持する。しかし最初のメッセージが規制的である場合、註釈者は外示的であって、メッセージに固有であった種類の位置づけを変えることが不可避であるように思われる。「扉を閉めろ」なる命令を言説の目的としながら、註釈者は（言語学者、もしくは論理学者、哲学者であれ）この命令を文もしくは文の一

（33）それゆえ、レヴィナスにとって発語について表現するものであった、ブランショやロジェ・ラポルトの書を美学から外し、倫理学へと分類する必要がある。それについては、たとえば『モーリス・ブランショ』によって、あるいは、ラポルトへの註釈によって確かめることができるだろう。*Sur Maurice Blanchot*, Montpellier, Fata Morgana, 1975, la note 3, p. 78〔レヴィナス『モーリス・ブランショ』内田樹訳、国文社、一九九二年、一二三―一二四頁〕; *Noms propres*, Montpellier, Fata Morgana, 1976, p. 133–137.〔レヴィナス『固有名』合田正人訳、みすず書房、一九九四年、一四二―一四八頁〕

（34）Aristote, *De l'interprétation*, 17 *a* 3 et suiv.〔アリストテレス「命題論」早瀬篤訳、『アリストテレス全集1』岩波書店、二〇一三年、一一九頁〕Cf. *Éthique à Nicomaque*, 1138 *b* 15–1140 *a* 24.〔アリストテレス「ニコマコス倫理学」神崎繁訳、『アリストテレス全集15』、二〇一四年、二二八―二三六頁〕

部の自己指示詞[35]へと、あるいはお望みなら命題[36]へと変えてしまう。

註釈のメタ言語的規則であるこの置換は、対象－言表が外示的である場合、ほとんど何ももたらさない。というのもこの対象－言表の真理に関する妥当性は、たとえ註釈によって置換されたとしても、メタ言語におけるそれ自身の「写像」となることによってはかならずしも崩れないからだ。しかし規制的表現が問題である場合、同じようになると考えることはできないであろう。というのも命令は註釈されること、つまり理解されることではなく、実行されることを要求するからである。あるいはおそらく――理解されたうえで実行されることを要求する。しかし註釈者はどの筋道を採ったとしても扉を閉めようとはせず、言表がその思惟作用の代わりに（あるいはそれに加えて）行為を生み出すことがいかに可能かを自問する。[37] そうすることで註釈者は必然的に、「ただちに」規制的である「扉を閉めろ」という自然言語の表現をこの表現のメタ言語的写像へと変容させるのである。

ここには大きな差異があるが、二つの表現が厳密に同じでありうるがゆえに混乱してしまう。命令が（自己指示詞を使用している場合を除いて……）自然言語に属する場合は、その実行を「期待する」。他方、それが註釈者の指向にすぎない場合、執行力を有するのはその表現が内包する意味である。後者の表現は多様な転写文を目的とする。それは「彼は扉を閉めることについて述べている」のように報告的であるか、「「扉を閉めろ」と彼は言った」のように引用であるか、「p は強制的である」を意味する $O(p)$ のように記号化されているかである。後者の場合、一方では、p

は命題的論理に沿った表現（ここでは「扉が閉められている」のような言表）であるとも読めるし、他方で、命題の根本（ここではほとんど「あなたによって扉が閉められること」と解される）であるとも読める。あるいはさらに記号化された、おそらくはより厳密な表現では、xは命令を与える者であり、yは受け取る者、αは扉を閉める行為である場合、「xは「yはαを為すべきである」と規則化した」を意味する、Nx“$O_y\alpha$”である。

ところが、註釈者の言説における命令の可能な「写像」がいかに多様であっても（ほかにも写像はありうる）、すべてのこうした転写文は命令を執行する価値を無力化するという共通点を有している。この無力化は受け手に課される強制のなかに生じた変化の徴表である。受け手が註釈者

(35) 次を参照。Josette Rey-Debove, *Le Métalangage. Étude linguistique du discours sur le langage*, thèse de doctorat d'État, université de Paris VIII, ex. dactylographié, 1977.（この国家博士論文は次のタイトルの下に刊行された。*Le Métalangage. Étude du discours sur le langage*, Paris, Armand Colin, 1978.）

(36) Georges Kalinowski, « Du métalangage en logique. Réflexions sur la logique déontique et son rapport avec la logique des normes », *Documents de travail*, n° 48, Urbino, Università di Urbino, 1975, p. 24.

(37) 「私たちは「命令はこれを命じている」と言い、それを為す。しかし、「命令は、私が……すべきであると命じている」とも言う。私たちはそれを命題にも、実証にも、行為にも変様させるであろう」。(L. Wittgenstein, *Investigations philosophiques*, § 459, trad. P. Klossowski, Paris, Gallimard, 1961.)〔ウィトゲンシュタイン『哲学探究』鬼界彰夫訳、講談社、二〇二〇年、二八一頁〕

となった場合、彼は送り手となる――彼は言説を了解し、第一の言説を指向する第二の言説を保持する。反対に、命令の受け手は送り手の位置を占めるようにならなくてもよい。彼は、彼が受け取る命令の指向対象を「存在させ」さえすればよい――扉を閉めればよいのだ。(38)

ここには二つのことが観察できる。この種類の言表において、意味ではなく指向対象が問題となるならば、それは指示詞を用いることとして表れる。「扉」は「私が述べる扉であり、かつあなたが知っている扉」、「この扉」（［「この」はラテン語で］*ille* にあたる）として解される。ここで指示詞と指向によって起きる問題を避けるために、この言表において定冠詞にその指示詞的価値を付与するものは発話媒介行為的状況であることを註記しておくにとどめよう――命令の送り手と受け手という現実の関係によって、送り手と同様受け手は［フランス語文法における］定冠詞 la の別の解釈、たとえば一般性という価値を遠ざけることができる。

こうした事情はあらゆる規制的言表において当てはまるのか。どんな場合にも確かだと思われるのは、次のことである。少なくともこれらの言表の集合の下位集合は、発話媒介的価値のこの規則に従う。一般に定義された状況に適用可能な法規的言表は明らかにそこには当てはまらない。「立法者」は現実の送り手ではない。しかしまさしく、扱われる事例に法規を「適用している」と言われる現実の送り手（警察官、行政官など）は――定義上述べるべき「その言葉」をもつ――裁定の送り手と矛盾的でありうるとしても、事実的にはその裁定事由によって、言表が位置づけられているとみられる発話媒介的状況がまさしく法規的言表が指向する状況のひとつであることを示さなければならない。したがって、その命令の言表が発出された状況から曖昧さを除いた価値が受け取られる、つまり執行可能だと示されることがなければ、その命令は執行力をもたない。それはメッセージが命令的であるあらゆる語用論的状況、たとえば敵対的状況（軍事的、運動競技的、弁証法的など）について検証しうる固有性である――命令は現実の状況を指向する限りで執行力をもつのだ。

一見、この第一の観察は明証性を有している。しかし、この観察は興味深い反対意見に出会う。「扉を閉めろ」は「この扉」のみならず、この扉の「いまだ存在しない」状態をも指向している。この仕方でこそ命令の送り手は指向対象を「存在させる」――それは諸事物の状態を作り出す。しかし、だからこそ、命令はひとたび執行されると、仮にそのまま繰り返したとしても、執行力をもつ価値をすべて失う――閉じた扉をさらに閉めることはできないからだ。指向対象へと一致した後で命令の価値を判定してみれば、この種類の言表に固有の困難に直面しているのに気づくだろう――この言表は、みずからが述べることとの一致という意味ではけっして真ではない。指向されず、その不一致を見越しているにせよ、あるいは指向されているものの、言表がそこに向か

(38) カリノフスキーが好む記号化である。G. Kalinowski, *op. cit.*, p. 18–19; reprise par C. E. Alchourrón, « Logic of Norms and Logic of Normative Propositions », *Logique et analyse* 12 (1969), p. 245.

うことがないにせよ、真ではないのである。[39]

この曖昧な定式化で満足し、重要な帰結を引き出そう――すなわち、命令文の語用論で働いている時制は、発話媒介的状況において束の間の起源を有するという意味で「一時的である」だけでなく、少なくとも命題論理、とくに無矛盾性（$p \vee \neg p$）の命題論理が用いる真理の論理素子に関しては逆説の契機である。というのもこの観点からは、p（扉は閉じている）という述定は命令（$O(p)$：$\neg p$は義務である）が与えられた場合、つねに誤っているからである。

ここで私は、この時間的固有性ゆえに、「アリストテレス的」命題論理の演算子では規制的言表の価値を判定することができないと考えさせようとしているわけではけっしてない。他の言表にもまして、規制的言表は少なくとも「悪魔的な」論理のようなものを必要とするように見える。この論理は一階述語論理と命題論理に時間の変数tを導入することで、扱われている命題あるいはその指向対象が真（あるいは偽）であるのはその言表の瞬間（現在n）においてか、あるいはその前かその後かを明示することができる。この相対化は命題論理計算に相当な影響を与え、後に見るように、多くの古典的な「逆説」を扱うことができる。[40] しかしここではさらに次の課題がある――レヴィナスが要求する仕方で（つまり、その度を越した仕方で）註釈を位置づけることを望むとすれば、時間的変数を導入しなければならないのは記述的表現の論理においてではなく、規制的言表の論理においてである。予想される限り、その諸帰結はさらに驚くべきものに違いない。

レヴィナスのテクストについて、発話媒介的状況下での規制的言表の特殊な妥当性、そしてそれらの言表行為の瞬間に関わる二重の観察が行われたが、それは彼の著作と相容れないものではないと示すことで、現時点では満足しよう。それは単純だが同時にスキャンダラスなテクストである。というのも彼は次のように明言する。神自身が私たちの話すことに対する第一の言表者であり（レヴィナスがこうした形容を受け入れるかは疑わしいが）、神自身は諸命令を与えた瞬間の(41)

（39） Cf. L. Wittgenstein, *Investigations philosophiques*, *op. cit.*, §519.「ここで次のように述べたい。命令は、この命令に従って遂行された行為の写像であることになる。しかしまた、それに従って遂行されなければならない行為の写像でもある」。〔ウィトゲンシュタイン『哲学探究』、前掲書、三〇一頁〕

（40） 次を参照。J.-L. Gardies, *La Logique du temps*, Paris, PUF, 1975. A. Prior, « Diodorean Modalities », *Philosophical Quarterly* 5 (juillet 1955), p. 205–213.

（41）〔編註〕モントリオール講演（以下ＣＭ）はここから始まる。ルーズリーフに手書きで記された序文の一段落が、「……神自身は」の前につなげられるよう指示されている。それは、次に示す講演冒頭である。「この省察を始めるにあたり、エマニュエル・レヴィナスが語る（そして註釈する）ある物語を引かせてほしい。／この物語によって、規制的諸言表の特徴が直観的に把握されうる。それらの妥当性は特殊的であり、発話内の状況、それらが発話される瞬間とともに消え去る。そしてこの物語において送り手が神自身であることから、レヴィナスはこの物語を引きながら、この規制的言表の特性にかなりの射程を与えようとしていると述べることができる。／というのもそれが示すのは、神自身は［…］」。

前後の状況、あるいはこの瞬間とは独立の状況に応じて命令を吟味することに関心をもたず、その権能ももたない。そしてそれゆえ負債から放免され、あらゆる行為が清算される〈歴史の法廷（あるいは証券取引所）〉は存在しないのである。「アブラハムの家を追われ、ハガルとイシマエルは砂漠を彷徨う。水の蓄えは尽きたが、神はハガルの目を開いて井戸に気づかせ、瀕死の息子ののどを潤した」(42)。ここでまったく当然のように期待されているのはこの〈善〉なる神なのだ(43)。

しかしながら、この神の寛大さはまったく意外なことにヘーゲル主義を実践する神の助言者たる天使（彼らは視野が広く、計算し、世界の〈歴史〉を思考する）の不安と否認を引き起こす――「天使は神の御許で反論する――あなたはイスラエルを後に苦しめることになる者ののどを潤すのですか」。そしてここで神は自己弁護のために倫理の時制と特異な諸状況を引き合いに出す――「歴史の終焉、言うなれば永遠がどれほど重要だというのか。私は各人を彼が何者になるかではなく、いま何者であるかで判断する」。各人が何者であるかとは、私があなたに話す瞬間に彼がひとり何者かということである。

神が基準をもたずに判断する、あるいは基準が存在しないということが主張されているわけではない――演繹を無視するこのような思考が必然的に懐疑主義にきわめて近いものであるとしても(44)。少なくとも拒否すべきことは存在する。したがってそれらを認識するための記号と、不正とされるべきことが存在する(45)。しかし血はかならずしも不正の記号ではないし、不正はかならずしも血を流すことではないし、そのときに限られているわけでもない。たしかにいずれイシマエルは無辜の血を流させる――したがって彼は不正である。しかし神が話す瞬間には彼は渇きで死にかけており、したがって彼は不正を被っている。不正とは恒常的な記号で見分けられるものではない――その反対に、明白な記号を装うものの恒常性に、法規の条文に、打ち立てられた制度に訴えること、つまり正と不正[46]を裁定しうるものと解された[47]、文字に訴えること、それが不正である。

---

(42) E. Levinas, *Difficile liberté, op. cit.*, p. 260.〔レヴィナス『困難な自由』、前掲書、二六七頁〕

(43) Cf. E. Levinas, « Humanisme et an-archie » (1968), dans *Humanisme de l'autre homme*, Montpellier, Fata Morgana, 1972, p. 76–82.〔レヴィナス『他者のユマニスム』小林康夫訳、水声社、一九九七年、一二四―一三〇頁〕

(44) 次を参照。E. Levinas, *Autrement qu'être ou au-delà de l'essence, op. cit.*, p. 57, p. 210–218.〔レヴィナス『存在の彼方へ』、前掲書、一一五―一一六、三七四―三八九頁〕次の、セクストゥス・エンペイリコスによる定言的三段論法批判を参照。Sextus Empiricus, *Hypotyposes pyrrhoniennes*, II, 163 et suiv.〔セクストス・エンペイリコス『ピュロン主義哲学の概要』金山弥平、金山万里子訳、京都大学学術出版会、一九九八年、二〇八頁以下〕

(45)「どこから彼はその拒否の力を得ているのか〔…〕。〈否〉は基準を要請する。ラビ・ヨセは要請された記号を与えることになる。「パニアス山の洞穴の水が血に変わらんことを！　すると水は血に変わった」（『サンヘドリン篇』98a）。〔…〕目の見える人間は、水が薄める無辜の血から眼差しをそらすことはできない」。(E. Levinas, *Difficile liberté, op. cit.*, p. 278.)〔レヴィナス『困難な自由』、前掲書、二八七頁〕

基準は「存在する」けれども、時間によらない記述的言表の対象とはなりえない。それは[48]把握されたとしても、聴き取られてはいない――聴き取られる「前に」、命令の送り手によって繰り返されうる「前に」、註釈を生み出しうる「前に」、受け取った命令文のなかに把握される。それは、顔[49]の彼方として、[50]痕跡として把握されるのである。[51]

ここに註釈の問いに関する論点[52]が見られる――規制的言表と記述的言表との関係、したがって倫理と命題的あるいは思弁的論理との関係で与えられるべき位置づけである。そしてそれは[53]レヴィナスの著作に固有の緊張関係である――というのも、この著作が目指すのは義務、禁止、許可、つまり、あらゆる要求、祈り、命令、請願、弁護等が定式化される言語領域の表現を、同語反復から抜け出させることにほかならない。「命令」の妥当性の基準――それは「命令」の正義の基準である――を、真理の演算子によるあらゆる正当化から救い出さねばならない。

たとえば「異質なものを迎え入れよ[54]」のような表現は正当でありうるはずである。それは、この表現がすでに認められた言表から演繹されうる、あるいはさらに古い命題に適っているからではなく、それがみずからのうちに正当性を有している命令であるという事実に起因している。したがってそれはある種の命令の命令である。[55]規範的言表のこのような拒絶にこそ、レヴィナスが無-始原[56]という観念へ認めた多大な重要性が存する。そしてハイデガーのみならず、たとえばスピノザの存在論への彼の攻撃が厳しいものとなるのは、同じくこの点においてである。[57]存在論は結局のところ記述的言表に関するメタ言語を表す別の語にすぎない。

(46)〔編註〕CM：「つねに」。
(47)〔編註〕CM：「唯一の」。
(48)〔編註〕CM：「この基準は」。
(49)〔編註〕CM：「ひとつの」。
(50)〔編註〕CM：「ひとつの」。
(51) E. Levinas, *Totalité et Infini*, *op. cit.*, p. 161 et suiv.〔レヴィナス『全体性と無限』、前掲書、三二九頁以下〕; *Humanisme de l'autre homme*, *op. cit.*, p. 57–63〔レヴィナス『他者のユマニスム』、前掲書、九一―一〇三頁〕; *Autrement qu'être ou au-delà de l'essence*, *op. cit.*, p. 125–130.〔レヴィナス『存在の彼方へ』、前掲書、二三二―二四〇頁〕
(52)〔編註〕CM：「ただちに」。
(53)〔編註〕CM：「思弁的である。周知のとおり、ここにあるのが」。
(54) 次を参照。E. Levinas, *Totalité et Infini*, toute la section I; et dans la IIIe section, p. 187 et suiv.〔レヴィナス『全体性と無限』、前掲書、第一部全体、第三部三七六頁以下〕
(55)「[他人は]〈師〉として私に命じる。命令は、私自身が師である限りで私に関わり、その結果、命令は私に命じることを命じるのである」。(E. Levinas, *Totalité et Infini*, *op. cit.*, p. 188.)〔レヴィナス『全体性と無限』、前掲書、三七七頁〕
(56) E. Levinas, *Autrement qu'être ou au-delà de l'essence*, *op. cit.*, chap. IV.〔レヴィナス『存在の彼方へ』、前掲書、第四章〕
(57) たとえば、E. Levinas, *Totalité et Infini*, *op. cit.*, p. 193.〔レヴィナス『全体性と無限』、前掲書、三八六頁〕ただし、レヴィナスが次のテクストを介してスピノザを了解する場合、つまりスピノザを〈法〉の発話を論証的言説から匿う者として、わだかまりなく読む場合は、この限りではない。

こうした始原《アルケー》と存在からの離別を語用論的な語に翻訳するのは興味深い。それは語用論的状況の命令において、誰かわからない者によって保持される謎めいた第一の言説を指向し、またモデルとする言説をもたない決断となる。レヴィナスが示してやまない中性への嫌悪は[58]、一般的な名づけえぬもの、あるいは話すものと話されるものであるところの名づけえぬものには向けられない――つまり、私がそれについて話すこの名づけえぬもの、あるいは哲学者になじみ深い自己指示詞を採用するなら、〈私〉がそれについて話すこの名づけえぬもの、そしてそれ（この名づけえぬもの）が私あるいは〈私〉として話すことを指すために、私あるいは〈私〉がそれについて話す名づけえぬものである。したがって嫌悪が向けられているのは、真偽の機能をもつ言説に固有の制約である。それは、言表を行う者は、彼がそれについて話すことが彼の口によって話すことでもあることを前提とする場合に限り、その言表の正当性を確証することができるとする制約である[59]。そしてそれは同様に、言表を行う主体が、話す実体そのものにほかならないと前提する場合に限られる。レヴィナスが嫌悪する中性とはまさしく、存在論の言説において主体として前提される実体である。この実体が存在と名づけられ、それを足場とする言説が形而上学というよりも存在論と名づけられることは、外在性を「驚異」として「思考すること」が問題となる場合にはさして重要ではない[60]。

　そして中性への嫌悪の語用論的な理由とは、この前提が次のことを含意しているからだ。すなわち、名づけえぬもののメッセージの受け手たる哲学者が、みずからの註釈が送り手の地位に、第一の送り手であるところの、名づけえぬもの自体の位置にみずからを位置づけると言い立てるようになるのである。この入れ替わりによって、倫理は必然的に解体されてしまう。存在論から引き出されうる規制は、名づけえぬものに関する言表から演繹されることになり、そこに由来していると前提されるようになる。その真偽はどうあれ、倫理的命令の善悪は、命題的論理の諸規則に従って、それらと一致するかどうかだけで判断されるのである。しかし、このことはレヴィナスの目には、倫理が西洋の強迫観念である、真なる審判に掛けられて敗訴するということにほか

Sylvain Zac, *Spinoza et l'interprétation de l'écriture*, Paris, PUF, 1965. Cf. « Avez-vous relu Baruch? » (1966), dans *Difficile liberté, op. cit.*, p. 148–159.〔レヴィナス『困難な自由』、前掲書、一五〇―一六〇頁〕

(58) たとえば、*Totalité et Infini*, p. 274–275.〔レヴィナス『全体性と無限』、前掲書、五三四―五三五頁〕そして以下を参照のこと。「〈ある〉《イリヤ》にあたるドイツ語の *es gibt* が含んでいるとされる寛容さは、一九三三年と一九四五年のあいだにはまったく現れなかったように思われる。このことは述べられなければならない！」(*Difficile liberté, op. cit.*, p. 375.)〔レヴィナス『困難な自由』、前掲書、三八九頁〕

(59) 無論、次のような代替仮説を選ぶ場合は別である。つまり、対象－言語の言表について真偽を述べうる、メタ言語を定義する諸慣習を第一に定める仮説である。

(60)「外在性とは否定ではなく、驚異である」。(*Totalité et Infini, op. cit.*, p. 269)〔レヴィナス『全体性と無限』、前掲書、五二三頁〕

ならないと映っていた。

　規制的なものの記述的なものへのこの従属において失われるのが、前者の執行力であり、それに固有の妥当性である。あるいはこれを別様に言うならば、この従属はあらゆる命令をそれら自身のメタ言語的な「写像」へと、そしてそれらを構成する各語をそれ自身の自己指示詞へと変容させるという結果をもたらす。それはもはや存在論的倫理のうちで聴き取られうる「異質なものを迎え入れよ」ではなく、「かの／レヴィナスの[61]／「異質なものを迎え入れよ[62]」」、すなわち自然言語のうちに位置づけられた同じ命題について語るメタ言語へと書き換えられた命題である。この命題が自然言語のうちに有していた特筆すべき固有性[63]は、そのようにして真偽の演算子の立法を経ることで失われてしまうのである。

4

　規制的言説の特殊性を擁護しようとレヴィナスは[64]気を配っていたが、それはカントが『第二批判』において、実践理性の諸原則を理論理性の諸原則から独立させることに対する関心を抱いていたのとよく似ているように思われる。

　イシマエルが水に飢えていたエピソードを引いた後に、レヴィナスは次のように付け加える。

「人間的意識は、歴史の終焉より前に、この終焉とは独立にいかなる瞬間にも裁定しうるよう成熟した世界を裁定する権利をもつ(65)」。彼が述べるには、それは「人々が住まう」世界である。もし世界が、各々の瞬間に目的論も戦略も経験的な文脈さえも考慮しないで裁定されうるならば、裁定の力は世界に住まうだけではなく、それを構成している。この力は原則的に不可侵であり、状況的要因に由来するいかなる歪曲にも服することはないし、私たちは自分が誤って裁定してしまった場合にも、自分が隷従していたことを理由に許し、あるいは赦しを乞うことはできないということになろう(66)。

(61)〔編註〕CM:「(レヴィナスの)」に変更。
(62) これらの内容について表記する諸慣習が重要であることがわかる。J・レイ＝ドゥボーヴの方法論的主張は、そのメタ言語の語彙の分析と同様、哲学者にとって、この観点についてとくに明快である。J. Rey-Debove, *Le Métalangage. Étude du discours sur le langage*, *op. cit.*, p. 941, (chap. III).
(63)〔編註〕CM:「それは、とくに冒頭で註記した固有性、発話媒介的状況と言表行為の瞬間に、その妥当性を従属させる固有性である」。
(64)〔編註〕CM:「このように」。
(65) E. Levinas, *Difficile liberté*, *op. cit.*, p. 260.〔レヴィナス『困難な自由』、前掲書、二六七頁〕
(66) 赦しについては、たとえば次を参照。E. Levinas, *Difficile liberté*, *op. cit.*, p. 184–186.〔レヴィナス『困難な自由』、前掲書、一八六―一八八頁〕

状況がどうあれまったく自由に命令し服従するこの能力は間違いなく、カントにとって「あらゆる道徳法則とそこに適用される義務の唯一の原則」[67]である意志の自律を想起させる。『存在するとは別様に』の著者は次の点において、『実践理性批判』の著者に問題なく同意するように思われる。すなわち、意志の格率は、それが道徳的でなければならない場合、経験的文脈——それが心理学的、社会的、歴史的のいずれの文脈であっても——について述べる言表から引き出され、そしてこの文脈が含む多様な「利害」によって正当化されうると述べることを禁じるという点においてである。外示的であるこの言表は、行為を諸原因の結果としてつねに理解させ、まさにそれゆえに行為から原因なき原因であるというその特殊性を奪う。この特殊性のおかげで、行為は存在するものについての学の対象となる現象ではなく、いかなる敏感な志向によっても把握されえないヌーメノン的自由の表出なのである。

しかしこのように両者を同一視することは、彼らの支持者なら誰でも拒否するに違いない。実践理性は無始原ではない。レヴィナスの目には、規制的言表の特殊性はカントの手順によっては十分に確かめられないし、そうしえない。彼の不信の理由は、今後私たちを導いてくれるであろう、ある文[68]に示されている。「明白な諸観念を支持する意志、普遍的なものの尊重によってのみ決定される意志のみを善意と考えるようただちに取り決めるならば、意志と悟性、意志と理性を形式的に区別することは［…］何の役にも立たない[69]」。この文がカントに劣らずデカルトにも向けられているとしても、私たちが規制的なものの論理の矛盾的な検証を最後に行うのは、カントに対してである。

カントがみずからの論理的正当化に対置した困難は、実践理性の〈分析〉の最初の章における、実践的な純粋理性の諸原則の〈演繹〉の対象となる。[70] いかに道徳法則（規制的言表）を、その特殊性を失わせることなく演繹するか。外示的である理論理性の言表が問題になるとき、[71]〔言表の〕構成を支配する諸原則の演繹は、「認識のアプリオリな源泉」から思弁的に形作られえないとすれば、少なくとも経験というこの代用品（*Surrogat*）、[72] 一時しのぎのものに訴えることができる。全体において、別のあらゆる同様の事物について、演繹はコーパスのなかで与えられた外示的言表[73]か

（67） Kant, *Critique de la raison pratique*（*CRPque*）, Première partie, Livre premier, chap. 1, §8, trad. F. Picavet, Paris, PUF, 1943, p. 33; *Kritik der praktischen Vernunft*（*KPV*）, dans *Werke in Sechs Bände*, Bd. VI, Insel Verlag, 1956, p. 144. 今後、『第二批判』の二つの参照頁数は、それぞれ別に以上の二版の規則に従って付される。〔カント『実践理性批判』波多野精一ほか訳、岩波文庫、一九七九年、七八頁〕

（68）〔編註〕CM：「次の文」に変更。

（69） E. Levinas, *Totalité et Infini*, *op. cit.*, p. 192.〔レヴィナス『全体性と無限』、前掲書、三八六頁〕

（70） Kant, *KPV*, p. 155–165; *CRPque*, p. 41–50.〔カント『実践理性批判』、前掲書、九四―一一二頁〕

（71）〔編註〕CM：「文」に変更。〔それに従って、形容詞「外示的である」も性数一致する〕

（72） *Ibid.*, p. 161; p. 47.〔カント『実践理性批判』、前掲書、一〇五頁〕

ら、これらの言表が前提とする（現代的意味での）格率を抽出する諸学の論理学者の方法で行われる。ヒュームの読者であるカントは、これらの格率の原則が因果律であるということを知っている。[74]

周知のように、〈演繹〉のメタ言語におけるこれらの格率の言表と、学の言説である対象－言語とのあいだの関係とは、学の言語作用を経験の「所与」と一致させる関係と同形である。この両関係の同形性は、第一の関係が超越論的レベルに属し、第二の関係が経験的レベルに属しているということとまったく矛盾しない。むしろ反対に、この同形性によってこそ、カントは次のように主張することができる。諸原則の演繹が「源泉から」直接なされえないがゆえに、経験を代用品として利用するという主張である。結果として、学の諸原則の演繹ととりわけ因果律の言説であるメタ言語は、みずからのレベルで、その指向対象である対象－言語行為と同形であり続ける。この同形性がそれを可能にする。同形性を欠き、そしてすでに述べた「源泉」なしには、理論理性の諸原則ととりわけ因果律を規定することがいかにして可能かが理解できない。[75]

この言語が規制文のそれである場合、演繹のメタ言語と、それが諸原則を抽出するはずの対象－言語との同形性というこの状況が欠如している。なぜなら、規制的言表はそれ自身、外示的言表と同様に、因果律としての格率によって支配されるどころか、それらが生み出す行為の原因であるからだ。この純粋な因果律あるいは道徳法則（すなわちすぐれて規制的な言表）の自発性とは経験的事実ではない。というのも、経験において与えられるあらゆるものは諸々の因果の限り

(73)〔編註〕CM:「文」に変更。

(74)〔編註〕CM:「(演繹する)」。

(75)〔編註〕CM:以下の五段落は講演のために次のように書き直された。「〈演繹〉のメタ言語におけるこれらの格率と、学の言説である対象－言語とのあいだの関係とは、原則上、学問的言語が経験の「所与」と同一化する関係と同形である。この両関係の同形性は、第一の関係が超越論的ないし批判的語彙に属しており、第二の関係が実証的認識の語彙に属していることとまったく矛盾しない。むしろ反対に、この同形性によってこそ、カントはつねに原則上、次のように主張することができる。諸原則の演繹が「源泉から」直接なされえないがゆえに、経験(実証的認識の領域)を代用品(*Surrogat*)として利用するという主張である。結果として、学の諸原則の演繹と、そしてとりわけ因果律の言説であるメタ言語は、みずからのレベルで、その参照である対象－言語行為と同型である。この同形性がそれを可能にする。同形性を欠き、そしてすでに述べた「源泉」なしには、理論理性の諸原則ととりわけ因果律とを、経験という方策を利用することで規定することがいかにして可能かが理解できない。

さて、この「言語」が規制文のそれである場合、演繹のメタ言語と、それが諸原則を抽出するはずの対象－言語とのあいだにあるこの同形性は、原則に属するものであるがゆえに、いずれにせよ欠如している。というのも、規制文はそれ自身、外示的文と同様に、因果律としての格率に支配されるどころか、それらが生み出す行為の「原因」である、とカントは述べる。この純粋な因果律、あるいは(すぐれて規制的な文である)道徳法則の自発性とは経験的事実ではない。というのも、経験において与えられるあらゆるものは、諸々の因果の限りない連鎖によって支配されており、あるものの原因は、必然的に別のものの結果としても思考されるからだ。したがって、メタ言語的文と規制的な「文」のあいだにある、乗り越えがたき原則上の異形性が存在する。だない連鎖によって支配されており、あるものの原因は必然的に別のものの結果としても思考されるからだ。したがって演繹のメタ言語――対象－言語を支配する格率の設立として考察されるメタ言語――と、規制的言表であるこの対象－言語とのあいだには乗り越えがたき異形性が存在する。だからこそカントは次のように主張する。実践的原則の演繹に関して、「理論的な純粋悟性の諸原則に関わる場合と同様には成功を期待することができない」[76]。次のように書くとき、彼は実践的演繹がある種の満足を伴うことの同様の挫折さえも暴露している。「思弁的であっても経験によって支えられていたとしても理論理性のいかなる演繹も、いかなる努力も、道徳法則の客観的実在を証明することはできない。たとえ必当然的確実性を手放そうとしても、この実在は経験によって確かめられえないし、したがってアポステリオリに証明されえない」。しかしただちに次のように付け加えられ、その方針によって彼は納得する。「しかし、この実在はみずからによって支持される」[77]。

そうだとすれば、規制的言表を演繹するあらゆる試みは放棄されねばならないのか。ここでカントの分析はレヴィナスの思考と袂を分かち、特異な道を辿る。というのも、実践的原則の演繹の不可能性、すなわち規制的言表を扱うメタ言語の不可能性を認識して満足するのと同時に、彼はその機能を保持するからだ。しかしそれは、その方向を反転することによってである。「空しく探究されたこの道徳法則の演繹の代わりに、別の、まったく逆説的なものが発見される」[78]。道理に合わない（*widersinnig*）何かが発見される。それは探究されていたのとは反対の方向へと進む演繹で

からこそカントは次のように主張する。実践的原則の演繹に関して、「理論的な純粋悟性の諸原則に関わる場合と同様には成功を期待することができない」。彼は実践的〈演繹〉が一種の満足を伴うことの挫折さえも暴露している。実践的〈演繹〉の同様の失敗を明らかにする。「思弁的であっても経験によって支えられていたとしても理論理性のいかなる演繹も、いかなる努力も、道徳法則の客観的実在を証明することはできない。たとえ必当然的確実性を手放そうとしても、この実在性は経験によっても確かめられえないし、したがってアポステリオリに証明されえない」。しかしただちに次のように付け加えられ、それは彼が納得する策略であるように思われる。「しかし、この実在は、みずからによって支持される」。

そうだとすれば、規制的言表を演繹するあらゆる試みが放棄されねばならないのか。それは（適法であることとの制約としての）恣意性のなかへ落ちていくことになる。ここでカントの分析は、この演繹の不可能性を認識することで満足する、という特異な道を辿る。彼はその機能を、作用の向きを逆にすることで保持する。「空しく探究されたこの道徳法則の演繹の代わりに、別の、まったく逆説的なものが発見される」。道理に合わない（*widersinnig*）何かとは、探求されていたのとは反対の方向へと進む演繹である。

法則を欠いて演繹されうるものとは、自由である。この演繹は法則に端を発して為される。したがって新しい演繹において、法則が位置づけられるのは、帰結において、メタ言語によって対象－言語の文から抽出された文としてではなく、前提において、この対象－言語の文としてである。それに関する批判が用いるメタ言語は、この法則が文、すなわち自由を前提とするいうことを導き出すようになるのである。これが方向の反転なのだ。「この道徳原則はみずから、反対に、計り知れない（impénétrable, *unerforschlichen*）力の演繹に対する原則として働く［…］。私は、それを自由の力であると主張する」。

ある。つまり、カントの超越論的言説であるこのメタ言語は（何らかの経験をモデルとする）対象－言語から規制的言説の原則、すなわち道徳法則を引き出そうとするのでなければならない。それが達成された場合、すでに見たように、この原則が打ち消されるという代償を支払わなければならないのであった。したがって、このメタ言語は挫折することにおいて成功するのである。

しかし、この挫折はメタ言語の可能性を打ち消すのではなく、その対象を変容させることと引き換えに、その方向を逆転する。法則を欠いてなお演繹されうるのは、自由である。この演繹は法則から出発して為される。したがってこの法則が新たな演繹において位置づけられるのは、帰結において、メタ言語によって対象－言語から抽出された言表としてではなく、前提において、この対象－言語の言表としてである。この対象－言語のメタ言語は、みずからが自由を扱う言表を前提とするということを導き出すようになるのである。これが方向の反転なのだ。「この道徳原則はみずから、反対に、計り知れない（*unerforschlichen*）力の演繹に対する原則として働く［…］。私は、それを自由の力であると主張する」[79]。

したがって、自由は言語、自然言語のいかなる言表のうちにも表現されず、註釈におけるメタ言表の対象をなしうるのみである。反対に、法則あるいは規制的言表はメタ言語に位置づけを見出すことのできない自然言語の表現である。「あなたは為すべし」は経験的主体によって「保証され」、「あなたは為しうる」は超越論的言語において哲学者によって打ち立てられる――それは経験的に計り知れないままであり続ける。

レヴィナスがこの割り当てへと反論すべき点はないと思われる[80]——むしろ、この割り当ては彼の著作の最も重要な主題の一つに対応している。すなわち、あらゆる知性に対して、命令的内容（「あれか、これを為せ[81]」）へのあらゆる必然的に外示的な[82]註釈に対して、「行為せよ」による衝撃

少なくとも土台をなす自由は、自然言語のいかなる文のうちにも表現されず、註釈におけるメタ言表の対象をなしうるのみである。反対に、法則あるいは規制的言表は、メタ言語に位置づけを見出せない自然言語の表現なのである。「あなたは為すべし」は経験的主体によって保証され、「あなたは為しうる」は批判的言語において哲学者によって演繹される——それは経験的には計り知れないままであり続ける」。

（76）*Ibid.*, p. 160; p. 46.〔カント『実践理性批判』、前掲書、一〇四頁〕

（77）*Ibid.*, p. 160; p. 47.〔同書、一〇五—一〇六頁〕だからこそカントはこの実在にある種の信頼性を認める。「この種の信頼できるもの（*Diese Art von Kreditiv*）」（*Ibid.*, p. 162; p. 48.〔同書、一〇七頁〕）。

（78）「別の、そしてまったく道理に合わない何か〔…〕（*Etwas anderes aber und ganz Widersinnisches*〔…〕）」（*Ibid.*, p. 161; p. 47.〔同書、一〇六頁〕）。

（79）*Ibid.*〔同書、一〇六頁〕

（80）〔編註〕CM：「と思われるであろう」に変更。

（81）たとえば次を参照のこと。E. Levinas, *Quatre lectures talmudiques*, Deuxième leçon, « La tentation de la tentation ».〔レヴィナス『タルムード四講話』、前掲書、七五—一二九頁〕

（あるいは剝奪）が優越しているという主題である。

レヴィナス[83]が自由に割り当てている位置を、カントがそれに与える位置と近づけたくもなるだろう――とはいえ、『批判』の著者は自由に関連する表現を実践理性のメタ言語において導出される命題という地位へと位置づけることで、自由を自我の第二の自己陶酔という位置づけへと放逐するよう、レヴィナスを駆り立てる自由への不信を抱かせるのではないか[84]。

しかし、差異[85]があらわになるのは法則と自由のこの蝶番に関してである。両思想家は近縁であるどころか、この差異はむしろ深いと述べることができよう。じつのところ、両者とも法則を彼らに固有の註釈の対象－言語が構成する領域において位置づけており、両者はこの対象－領域が経験の領域ではないということを認識してはいる。カントは[86]「根本[87]法則の意識を理性の事実〔*Faktum*〕と呼ぼう[88]」と提案する。この事実《ファクトゥム》において「純粋理性は私たちのうちに現実に実践的なものとして現出する[89]」。しかし、だからこそこの「絶対的に説明不能な[90]」事実はむしろある種の事実、準事実である。カントの説明によれば、純粋意志の実在性は「道徳法則において、あたかも事実《ファクトゥム》によってアプリオリに与えられるかのようだ[91]」。それは「あたかも事実によって」であり、事実によってではない[92]。この事実《ファクトゥム》は準事実である。なぜなら、法則の規制性による意志決定は経験的ではないからであり、理論理性の原則演繹をモデルとする外示性をもつ註釈によっても、この決定がたんなる事実として打ち立てられうることはないからである。

規制文に関するこの事実は経験的な意味での事実ではほとんどないし、演繹の後に今度は道徳的経験のなかにその位置づけを定めうる概念、カントが感覚的経験と比較して理念と名づける概念に包摂されることはほとんどできない。「道徳法則が私たちを虜にするのは、理念的な仕方であり〔*der Idee nach*〕、純粋理性がそれ自身に釣り合う物理力を伴っていたときに最高善を生み出すところの本性においてである」[93]。「あなたは為すべし」という準経験の周りを囲む指向領域は本性で

---

(82)〔編註〕CM：「(必然的に外示的な)」に変更。
(83)〔編註〕CM：講演のためにこの段落は削除された。
(84)「〈同〉の帝国主義」、「〈同〉の厚かましさ」。(E. Levinas, *Totalité et Infini*, *op. cit.*, p. 59.)〔レヴィナス『全体性と無限』、前掲書、五〇頁〕
(85)〔編註〕CM：「両思想家のあいだの」。
(86)〔編註〕CM：「たしかに」。
(87)〔編註〕CM：「根本」に取り消し線。
(88) Kant, *KPV*, p. 141; *CRPque*, p. 31.〔カント『実践理性批判』、前掲書、七三—七四頁〕
(89)〔編註〕CM：「と彼は述べる」。
(90)「まったく説明できない事実(*Ein schlechterdings* [...] *unerklärliches Faktum* [...])」。(*KPV*, p. 156; *CRPque*, p. 42.)〔カント『実践理性批判』、前掲書、九七頁〕
(91)「事実が与えたかのように(Gleichsam durch ein Faktum gegeben)」(*KPV*, p. 170; *CRPque*, p. 56.〔同書、一二一頁〕)。
(92)〔編註〕余白に「要検討」。

はないが、「その理念が私たちの意志の諸規定のモデルとして役立つ」ような「超感性的本性《スプラ・サンシブル》[94]」である。道徳的経験は経験ではなく、「あなたは為すべし」は所与として感性的なものにおいて受容されるのではない。とはいえ、それは受容されるからこそ事実と呼ばれうる——ただし、理念的なものにおいて受容されるのだ。

レヴィナスは〈私〉の経験に属すもの、享受に属す質料、および私たちが述べた諸限界において[95]外示的註釈に属す質料と、〈他者〉の経験不能な現前——享受[96]の世界を超越する責任の世界がこの現前によって開かれる——の領域に属するものとを切り離そうと専心していたが、彼がそうした帰結を決定しているにせよ、ここでも私たちは、そのことを理由にレヴィナスは語り直す《ルディール》べきである可能性があると考えているわけではない[97]。カントはといえば、事実《ファクトゥム》－理念《イデー》というテーマをその究極の意味内容に至るまで追究することで、道徳法則がもたらした、レヴィナスのいう超越の現前[98]であるこの「驚異[99]」を帰結する。すなわち、「あなたは為すべし」の「事実」が理念的本性を限定するとすれば——この「事実」がそれに対して応答する行為（レヴィナスの「責任」）としての帰結を生むがゆえに有効であるのと同様——、「理性はそれ自体観念によって、経験の領野において帰結を生む原因であり」、それゆえ「その超越的使用は」道徳法則の事実《ファクトゥム》[100]のおかげで「内在的使用へと変えられる[101]」。理性はその註釈のなかに経験的本性の本質を限定することを望むならば超越的であり続けるが、この超越は、規制的なものの形式において理念的本性を構成する場合は理性の内在性を確証するものである。

さてまさしくこのこと、つまり有効性という点(102)において、レヴィナスは『第二批判』のカントに背を向けなければならないのである。

(93) *KPV*, p. 157; *CRPque*, p. 43.〔同書、九八頁〕
(94) *Ibid.*〔同書、九七頁〕そしてさらに次のテクスト。「この〔道徳〕法則は、経験的に与えられない、自由によって可能である本性、超感性的本性の観念であるはずである〔…〕」(*KPV*, p. 158; *CRPque*, p. 44.〔同書、一〇〇頁〕)。
(95)〔編註〕CM:「少なくともある限界の中で」に変更。
(96)〔編註〕CM:「経験の」に変更。
(97) たとえば次を参照。*Totalité et Infini*, « Moi et dépendance », *op. cit.*, p. 116–125〔レヴィナス「自我と依存」、『全体性と無限』、前掲書、二五二―二六七頁〕; dans *Autrement qu'être ou au-delà de l'essence*, « La proximité », *op. cit.*, p. 102–124〔レヴィナス「近さ」、『存在の彼方へ』、前掲書、一九五―二三一頁〕; « La signification et la relation objective », *op. cit.*, p. 167–195.〔レヴィナス「意味と客観的関係」、同書、二九九―三一九頁〕
(98)〔編註〕CM:「「現前」」に変更。
(99)「不思議な対照(Ein merkwürdiger Kontrast)」「驚くべき対照(un merveilleux contraste)」(*KPV*, p. 155; *CRPque*, p. 42.〔カント『実践理性批判』、前掲書、九六頁〕)。
(100)〔編註〕CM:「準-事実《ファクトゥム》」に変更。
(101) *KPV*, p. 162; *CRPque*, p. 48.〔同書、一〇八頁〕
(102)〔編註〕CM:「この点」に変更。

5

因果律は実際、カントが実践的原則の演繹を逆向きに転回した軸である。手短にこれを示してみよう。「あなたは為すべし」という規制的言表は演繹しえない、これは一種の事実である（理論理性批判にとって科学的言表が事実であるのと少し似ている）。『批判』がこの「事実」に対して提起するのは、こうした言表がいかにして適用されうる対象を見出すのか、という理性の理論的使用に関わる批判的問いではない。[103] そうではなく、この言表はいかにして適切に規制するか、という問いである。さて規制すること、これが軸なのだが、[104] それは「対象の原因であること」[105] である。『批判』が外示的言表に対して提起する問いとは、表象に関する因果律の問いである。結局のところ、それは真理あるいは指向の古典的な問いである。しかし、この問いが規制的言表を註釈の対象とするとき、『批判』は因果律の方向を反転しなければならない。[106] これが方向の転回である。

あとのこと——適切に言うならば演繹——は、この反転からの帰結として生じ、実践理性の原則の論述において言表される。それは、規制文が諸対象の原因でなければならない場合、それは経験において与えられるいかなる対象からもその効力を受け取ることができないからである。それゆえあらゆる仮言命法は取り除かれている。法則はいかにして規定するかという問いに対しては、ただ一つ「直接的で」「超越的で」「知解不可能で」「推し量れない」力によってという答えしか残されていない。この超越的な力とは自由であり、それ自身実践的原因である純粋理性にほかならないのである。

その力を性質づける固有性は、レヴィナスのいう他者において私たちに行為すべく命じる「顔の彼方」にも同様に適用されうるように思われる。しかしこの演繹に対して――それが逆向きの演繹であるにせよ――、『存在するとは別様に』の著者以上に敵対的な者がいるはずはないであろう。(107) 彼はこの演繹に外示的なものの回帰を見逃がさないであろうし、(108)『実践理性批判』がみずからを擁護する手続きにおいてすらそうなのだ。この回帰は実際、〈演繹〉の反転、第一に因果律の反転という形で実行される。カントは、因果律の反転によって経験的意志を解放しうると考える。しかし、反転は因果律の概念自身を無傷のままに残しており、反転されるのは彼が総合する諸要素の順序関係のみである。(109) このことについてカントは〈演繹〉に続く節の全体で自己正当化してい

---

(103) *KPV*, p. 158–159; *CRPque*, p. 44–45.〔同書、九八―一〇一頁〕
(104)〔編註〕CM:「ここに、反転が生じる軸があるのだが」に変更。
(105)「対象の原因（*Ursache von den Objekten*）」（*KPV*, p. 158; *CRPque*, p. 44.）。〔同書、一〇〇頁〕
(106)「〔意志が従う〕第一〔の本性〕において、諸対象は諸表象の原因でなければならないし〔sein *müssen*〕〔…〕」、他方で、〔意志が従う〕第二〔の本性〕においては、意志が諸対象の原因でなければならない〔sein *soll*〕」（*KPV*, p. 158; *CRPque*, p. 44. 強調は引用者）。〔同書、一〇〇頁〕
(107)〔編註〕CM:「はずはない」に変更。
(108)〔編註〕CM:「見逃がしえないであろうし」に変更。

る。[110]さらに彼はそこで公然と、反転した用語法、つまりヌーメノン的語法を要求するのだが、それは『第二批判』における因果律から立てられるのである。

彼は次のように書いている。「私たちはこの概念〔因果律〕の経験の対象への適用に不満である。私たちは物自体に対してそれを使用しようと欲する」[111]。さて、私たちは思弁的理性それ自身の批判によってそうすることを正当化されている。思弁的理性は、この概念をヒュームのように経験から生じた習慣とするのではなく悟性の原則とすることで、この概念に超越論的位置づけを与える。このアプリオリなものが経験的与件への適用の外で価値づけられえないということ、これは知の規則である。しかし「それは別の、欲望する能力とも関係している」[112]、つまり、帰結が現象的原因から受け取られるのではなく、無条件の原因から生み出されるという反対の関係である。因果律（と〈演繹〉）の背理が正当化されるのは、要するに同じ原因の概念が知と欲望という反対の二つの語法に用いられるからである。

言表[113]に関して帰結するのは何か。外示的言表という形態は規制的言表と根本的に異なっていてはならないということである。前者は原因のカテゴリーのもとで二つの現象の総合を行い、後者は同一カテゴリーのもとで行為者と行為の総合を行う。おそらく行為者は本体的《ヌーメナル》で、行為は与えられず、それらの諸特性は道徳法則が歩む命法の道のりにおいて示されることになる。そうだとしても、法則の言表が第一の機能とするのは、直説法《アンディカティフ》の諸限界のうちに命法を保持すること、言い換えると、欲望における因果律の「反対の」様相を知におけるその直説法に従属させること、さ

(109)〔編註〕CM：「諸要素間の」に変更。

(110)〔そこで述べられるのは、〕純粋理性は、それが思弁的に使用される際には不可能だが、実践的使用へと権利上、拡張しうることについてである（*KPV*, p. 165–173; *CRPque*, p. 50–58.）。〔同書、一一二—一二五頁〕

(111)「私たちは不満である（*Wir nicht* [...] *zufrieden sind*)」（*KPV*, p. 170; *CRPque*, p. 56.）。〔同書、一二一頁〕

(112) *KPV*, p. 171; *CRPque*, p. 56.〔同書、一二二頁〕

(113)〔編註〕最初の二文の余白に「そこにあるのは」。以下の段落は次のように書き直されている。

「言表に関して帰結するのは何か。外示的言表という形態は規制的言表と根本的に異なっていてはならないということである。というのも、前者は原因のカテゴリーのもとで二つの現象の総合を行い、後者は同一カテゴリーのもとで行為者と行為の総合を行う。おそらく行為者は本体的で、行為は与えられず、諸特性は道徳法則が歩む命法の道のりにおいて示されるのであろう。そうだとしても、法則の言表が第一の機能とするのは、直説法の諸限界のうちに命法を保持すること、言い換えると、欲望における因果律の「反対の」様相を知におけるその直説法に従属させること、さらに言えば、観念的「本性」を規定する述語付与を、所与の「本性」を外示する述語付与と同一化することであると示すのは興味深いことだ。

私はカテゴリー的命法が内包する外示的形態を明らかにしたい。アルチョウロンとカリノフスキーの用いる表記法がもつのは、私たちが外示的なものへの回帰を徴づける助けとなるという機能にほかならない」。

らに言えば、理念的「本性」を規定する述語付与を、所与の「本性」を外示する述語付与と同一化することであると示すのは容易なことだ。カテゴリー的命法が内包する外示的形態を明らかにしていこう。

実践理性の根本法則は次のように言表される。「あなたの意志の格率がつねにただちに普遍的な立法法則に値しうるように行為せよ[114]」。この言表はまず二つの部分に分析される。「行為せよ」、そして「……するように」である。「行為せよ」は「何かを為せ」と書き直され、いまや次のように解される。一、「あなたは為すべし」、つまり純粋な規制的なものである「……は義務である」。二、すでに見たように[115]、命題的論理の見事に定式化された表現「為される何らかのこと」、あるいは命題の根本「何らかのことを（あなたが）為すこと」と見なされる「何かを為せ」。フォン・ウリクトの著述において、この部分は次のように表現されうる[116]。すなわち、〇が義務の論理記号であり、pが考察される命題であるような〇(p)である[117]。

しかし、道徳法則はその「形式」によってのみ意志を決定するはずであり、そこで見出される「内容」、そうした「動因[118]」（*Triebfeder*）は、現象的なものに、そして因果律[119]の限りない連鎖に陥ってしまうか、あるいは道徳法則において原因として働きえないことになろう。そうだとすれば、表現pは特筆すべき固有性を示しているはずである。

アルチョウロンとカリノフスキーの著述においてこの表現が書き直されるとすれば、この固有性は容易く現れる[120][121]。そこでは〇(p)は〇yと記され、「yは達成するべきである」と読まれる。yがここで命令の特定の受け手を指し示すことは認めうるであろう。この命令のより発展した表現は$\exists y(Oy\alpha)$であり、その意味は「少なくとも一つのyが存在し、このyはαを達成すべきである」である。

しかしとりわけ、達成すべき行為の「内容」を決定しない規制文を書くことが重要であるから、$Oy\alpha$なる表現のうちには、決定された行為を指し示すαではなく、何らかの行為、それ自身では未定の行為、カント的法則が志向する行為――あるいは未知の行為の変数――を指し示すことになる記号ξを代入するのが適切である。したがって、法則の言表の第一の部分は$Oy\xi$と書かれ、

---

(114)「あなたの意志の格率が、つねに一般に法則を与えるに値しうるように行為せよ(*Handle so, dass die Maxime deines Willens jederzeit zugleich als Prinzip einer allgemeinen Gesetzgebung gelten könne*)」(*KPV*, p. 140; *CRPque*, p. 30.)。〔カント『実践理性批判』、前掲書、七二頁〕

(115)〔編註〕CM:「すでに見たように」を削除。

(116) G. H. von Wright, « Deontic Logics », *op. cit.*, p. 136.

(117)〔編註〕CM:余白に、「Cf. Hottois: フォン・ウリクトの著作の一つ」。

(118) *KPV*, p. 146; *CRPque*, p. 35.〔カント『実践理性批判』、前掲書、八一頁〕

(119)〔編註〕CM:上に「異質的な」の書き込み。

(120) G. Kalinowski, « Du métalangage en logique », *ibid.*

(121)〔編註〕CM:余白に、「フォン・ウリクトの別の著作」。

「未定の行為を達成すべし」と読まれる。
　法則の言表の第二の部分へと移ろう。「あなたの意志の格率がつねにただちに普遍的な立法法則に値しうること」である。この部分が指し示すのは、（それ自身によって何らかの行為である）行為を動機づける意志の格率は普遍的な規範と同様に定式化しうるということである。行為の格率とは Oyα にほかならない。規制文は規範（もしくは法則の原理）に値するという事実はといえば、私たちが選択したルールに従えば Nx«—» と書かれ、この表現は「x は「……」を規則化する」と読まれる。そしてこの表現において x はある行為者を、Z は規範の演算子を指し示し、その右にある鍵括弧内の表現を規範として示す。
　この論理記号を記号 O、すなわち「……は義務である」を指し示すものと混同してはならない。後者は外示的論理あるいは規制文に属し、一方 Z によって示される論理記号は規範的論理の管轄にある。Nx«Oyα» なる表現は「x によって制定される規範が存在し、この x は「y は α を達成すべし」と宣言する」と読まれる。これまでの読解によれば、演算子 Z は記述的であり[122]、Z はその右にある表現が規範であるという事実を外示するが、他方で演算子 O は規制的であり、行為が y によって達成されねばならないことを示す。
　Nx«—» なる表現が Oyα に対する関係は、メタ言表が言語対象の言表に対して有する関係と同じであることがわかる[123]。規範の言表において Oyα を囲む鍵括弧が証示するのは、後者における規制文の言表とはここで x によって為された引用文であるということ、読み手、完成したメッセージの受け手は規範的メタ言語における義務論的言表の「写像」に関わっているのだということだ。これらの観察は、規制的なものがそれを註釈するメタ言語のなかで中性化されるということに関してすでに行われた観察[124][125]に送り返される。私たちが関心をもつ註釈は、規制文が規範であると述べることにあるのだ。

カントによれば、特定の行為の格率が普遍的立法の法則として述べられうるのは、こうした規範のメタ言語においてである。$Oy\xi$ なる義務、すなわち特定の主体 y が何らかの行為 ξ を達成する義務は、この行為を普遍的規範として述べるメタ的主張の対象とみなされる。この義務をそうしたものとして述べるうるものは、ありうるすべての主体である。したがって Nx«-» における x はここで、そこに含まれる普遍的数量詞の影響を受けた行為者を表している。すなわち、$Ax(Nx$«-»$)$[126]である。

私たちはいまや、法則の言表の第二の部分を第一の部分に結び付ける働き、カントが「……す

(122)〔編註〕CM：余白に、「否、それは行為遂行的である」。
(123)〔編註〕CM：余白に、「簡潔に述べよう」。
(124)既述の§3を参照。
(125)〔編註〕CM：「ここで私たちの省察を支持する観察」に変更。
(126)〔編註〕CM：「——すなわち、すべての x に対して、x によって制定された規範がある」。

るように」と言表した働きを当面は扱わないでおくことに同意するならば、この第二の部分を書くことができる。こうして分離されれば、この部分は次のように表現される。「あなたの意志の格率はつねにただちに普遍的な立法法則に値しうる」。「あなたの意志の格率」は行為が行為者にとって義務的であることを言表する規範である。当該行為は未定の行為として言表の第一の部分に位置づけられたことを思い出そう。結局この規範がたんに主観的であるとすれば、この規範をそのように言表する主体は、それを為すべく行為せよという義務を自分に課す主体と同一である。「意志の格率」は行為する特定の義務を命じるが、N_y«$O_y \xi$»と書かれる。この表現は「少なくとも一人の主体は「少なくとも一人の主体が当該未定の行為を達成すべし」と立法する」と読まれる。

法則の言表の第二の部分の後半「つねにただちに普遍的な立法法則に値しうる」に関して、少なくともこの格率に従って意志が命じる行為が正当（または道徳的）であるとすれば、この後半部は「あなたの意志の格率」へとつねに割り当てられる述部となる。この述部の名とは「普遍的な立法法則」である。立法法則とは規範である。立法が普遍的であるとすれば、その規範は規範を述べるあらゆる主体によって制定される。他方、このように普遍的規範の地位に昇った義務は、最初に指定された行為者（「あなた」）に、言表の前半において問われる（未定の）行為を達成するようにと明らかに命じる義務そのものである。最終的にカントは、少なくともこの行為者が当該の普遍的な立法に従うことのみならず、誰であれあらゆる行為者がそうすることを望む。したがって、問題の述部は次のように書かれることになる。すなわち、A*x* (N*x* « O*y*ξ ») である[127]。

　この道徳法則の言表の第二の部分の主語に述部を結び合わせる「つねに……に値しうる」なる表現に関しては、「N*y* « O*y*ξ » である場合はいつもN*x* « O*y*ξ » でなければならない」と解される。カントが法助動詞「……しうる（*pouvoir*）」[128]を用いる用法によって惑わされてはならない。この助動詞がドイツ語と同じくフランス語でも多義的であるとしても、ここでは蓋然性という価値をもつことはできない[129]。この価値をもつとすれば、カントが「根本的である」ことを望んだ法則の範囲は損われ、たんにとても確からしいというだけになってしまう。特定の格率が「つねに」普遍的な法則「に値しうる」ということが意味するのは、格率が存在する場合はかならず、この格率がつねにこの法則に値するということだ。私たちが法助動詞に必然性という価値を割り当てなければならないのは、副詞の「つねに（*jederzeit*）」があるからだ。それは命題の普遍的時制の指標で

（127）〔編註〕CM：「――つまり、すべての*x*に対して、「*x*は当該未定の行為を達成すべし」と述べる、*x*によって制定された規範が存在する」。
（128）ドイツ語では*können*。
（129）様相の言語的価値については、次を参照のこと。[Culioli,] article « Modalité », *Encyclopédie Alpha* 168 (1970); Culioli, « Ébauche d'une théorie des modalités », communication à la Société de psychanalyse, 6 mai 1969; et séminaire à l'École normale supérieure, 1972–1973.

あり、「かならず……である」がその法的な指標である。したがってこの価値は「p であれば q」あるいは「$p \supset q$」において、つまり含意（または論理的条件）の記号によって表現されるであろう。道徳法則の言表の、第二の部分を与えるのは次のような表現である。すなわち、（Ny « $Oy\xi$ »）（$Ax\ Nx$ « $Ox\xi$ »）、あるいは「少なくとも一人の主体が「当該主体は未定の当該行為を達成しなければならない」と立法するならば、誰であれあらゆる主体は「誰であれあらゆる主体は未定の当該行為を達成しなければならない」と立法したことになる」。

最後に、私たちはある操作を扱うことになる。この操作によって、根本法則の言表の第二の部分を表現する既述の言表が、完全な言表へと作り変えられるのが見出される。問題となるのは、いかにこの第二の部分が第一の部分と接続するかである。カントの言表での接続は、「……するように（*So dass*）」である。主体が義務を達成すること、そしてカントが繰り返すように、格率の「内容」ではなく「形式」によってのみこの規定が生じるということ、これらはカントにとって最大の重要性をもつ。なぜなら、さもなくば未定であった行為を規定するのはこの部分だからだ。しかし、カントが格率の「形式」と呼ぶものは、私たちが記してきた、法則の言表の第二の部分にほかならない。ある行為の達成が義務となりうるかどうかは、当該行為を達成する義務を扱う規範が普遍的規範として制定されうるかどうかにかかっている。それゆえ主観的義務は適法ではない。言い換えれば、この義務は普遍的規範の対象ともなる場合に限り、ある規範の対象となるのである。

したがって、カントの言表の二つの部分を統合する論理記号とは、次のような等値関係（または双条件性）である。

「pの場合、そしてその場合に限り、p」または$p \equiv q$

「あなたの為すべきことの規範が普遍的規範でもある場合、そしてその場合に限り、為すべきことを為せ(130)」。

または、より厳密に言えば次のようになる。

「少なくとも一人の主体が「少なくとも一人の主体がある行為を達成しなければならない」ということを立法するのであれば、あらゆる主体が「あらゆる主体は当該行為を達成しなければならない」という行為を立法することになる場合、そしてその場合に限り、少なくとも一人の主体はこの行為を達成しなければならない」。

これを記すために、規定された行為の記号によって未定の行為の記号を置き換えることになる。なぜなら、法則の完全な言表はいまや（形式として）達成すべき行為を規定するからである。次の表現が得られる。

$Oy \equiv [Ny \ll Oy\alpha \gg \supset (Ax\, Nx \ll Ox \gg)]$

---

(130)〔編註〕CM：余白に、「これは誤り。むしろ……かのように（plutôt c. si.）」。

「……するように」という表現を、カントの数多の説明において等値関係の論理記号とする読解案が確かめられる。[131] この論理記号はたんなる条件節（または推論）ではない。なぜなら道徳法則は、「何であれ、ある行為の規範が普遍的な義務となる規範である場合、あなたはこの行為を達成しなければならない」[132]ということだけを述べるわけではないからだ。それは、「あなたが何であれ、ある行為を達成しなければならない場合、あなたの意志の格率（＝あなたの特定の規範）は普遍的な義務となる規範である」[133]ということをも述べているのである。「pであればq」のみならず「qであればp」である。規範の普遍性が行為の正当性の条件であるということは、『第二批判』においてかならず理解されねばならない。しかし、この単純な結論には満足することはできない。行為の道徳性もまた規範の普遍性の条件でなければならないのである。

第一の条件は、[134]純粋法則による、すなわち実践的な使用における純粋理性による意志の規定として解される。第二の条件は、純粋意志による、すなわちふたたび実践的な使用における純粋理性による法則の規定として解される。実際、実践理性は同時に次のものの総体である。すなわち〔一方でそれは〕立法であり、総合する力であり、いわばある本性を言表する力である。〔他方でそれは〕有効な因果律であり、すなわち生産する力であり、いわばある本性を制度化する力である。立法としての実践理性は、あらゆる行為義務の条件として普遍性を要求する。因果律としての実践理性は、純粋意志であり自由である。この自由は、理論理性によって説明される本性から諸帰結を解放し、諸帰結を超感性的な本性のなかに位置づける。

かくして、私たちの論理記号が示す等値関係は、論理学の記述慣習のなかに、カントが立法する理性と意志する理性とのあいだにカントが認めた同一性を転写することにほかならないと思われる。これらの二つの力のあいだの相互的な含意または双条件性は、次のような文において明白に現れる。「自由が前提となる場合、純粋実践法則は〔…〕必然的であり、[135] 反対の場合は自由が必然的である。なぜなら、それらの法則は実践的な要請として必然的だからだ」。[136][137]

意志はそれが「絶対的」かつ「直接的に」規定されている場合にのみ純粋であると強調するためにカントが用いる主張においても、それは同様である。かくして「意志は実践的な純粋理性と同一のものである（*einerlei*）」。[138] この直接的な同一性は、意志が普遍的な価値をもつ理性の立法のみによって導かれる場合に限って可能である。意志があれば理性、すなわち普遍性が可能であり、理

(131)〔編註〕CM：余白に、「等値関係の問いについての註」。
(132)〔編註〕CM：余白に、「存在根拠」。
(133)〔編註〕CM：余白に、「認識根拠」。
(134)〔編註〕CM：余白に、「二重の力としての実践理性——総合と産出、法則と意志」。
(135)〔編註〕CM：余白に、「自由があれば、法則がある」。
(136) *KPV*, p. 160; *CRPque*, p. 46.〔カント『実践理性批判』、前掲書、一〇三頁〕
(137)〔編註〕CM：余白に、「法則があれば、自由がある」。
(138) *KPV*, p. 141, p. 171; *CRPque*, p. 30, p. 56.〔カント『実践理性批判』、前掲書、七〇、一二一頁〕

性があれば意志が可能である。(139)

6

私たちはここまで何を示してきたのか。それは、規制的言表、つまりOによって記号化された義務的なものは、規範Zを作り出すこの言表の記述との等値関係に位置づけられるということである。特定の義務規範が普遍的規範として書き直されうるという条件下では、それは正しい。しかし、この規範自体は規範の論理のなかでそのすべてを表現でき、いかなる新しい義務も出現させない。この規範は、規範を言表する主体に量記号の変化を付与する、命題的論理の含意のみを出現させるのである。

法則の言表における規制的なものと記述的なもののこの等値関係は、いわば実践的な〈演繹〉の反転によって、第一には因果律使用の反転によって準備されていた。因果律は科学の記述的言表における諸要素すべての総合のモデルに相当する。カントは、道徳性をもつ規制的言表において、新しい因果律を使用するが、その帰結に関しては反対に宣言する。理論理性において因果律は所与を総合し、実践理性においてそれは所与を生産する。しかしこの反転はいまや、私たちにとって同じ軸上の方向転換とは別のものであるように思われる。

この単純な転換は相互的な変形から帰結することになるだろう。[140] この変形はとくに、$p \supset q$ という含意を変形し、Rが当該の変形を記号化する場合、$R(p \supset q) = q \supset p$ が得られる固有性を示す。この変形は命題的論理に位置づけられ、言表の形式にのみ影響する。

しかし、カント的な不合理（*widersinnig*）においてはこのことは当てはまらない。カントが指摘するこの変形は命題的論理を逃れる。この変形が原因を、理論理性が認める「現象的な」位置から「ヌーメノン的なもの」の側に位置づけるとき、この変形が作動するのは言表における前提と結論の順番を転換する相互的な変形としてではないし、他方で命題的論理が認める他の三つの変形のどれとしてでもない。あるいはそうだったとしても、それだけではない。道徳法則の規制的言表であるこの帰結の前提として、かの変形が導入するもの、それはこの言表自身の言表行為の「主体」である。

実践的〈演繹〉が理念的に経験された前提としての道徳法則から出発するのであっても、しかし、それは道徳法則を演繹するためであり、同様に理念的に経験不可能で、同様に理解不能な前提である意志に置き換えるためである。しかし意志が「知解不可能」であり続けるとすれば、そ

---

(139)〔編註〕CM：最後の文の下に、「これはレヴィナスが恐れていたことでもある」。
(140) 次を参照。J.-B. Grize, *Logique moderne*, II, Paris, Gauthier-Villars et Mouton, 1971, p. 24–27.

れは意志が命題的言表のなか、すなわち外示的機能をもつ言説のなかに位置づけられないということである。この言説は理論理性に属しており、この類の知解不可能性と関わりがない。意志は、それが純粋であれば法則を命じるとカントが述べるとき、彼は原則的に法則の言表の外に意志を保持している。それは当該言表の命令的形式によく表れている。したがって、意志は規制的言表の主体の位置を占める。この主体はあらゆる規制的言表を（すなわち、あらゆる知解可能性を）逃れるとされるものだ。

レヴィナスにとってのみならずカントにとってかくも貴重であった、この命令者の「絶対的外在性」こそ、他方でカントが主体の実践的言表を行う権能を因果律と同一視することで消そうとしたものだ。この消去が行われたのはまた、理論理性がその外示的表現をうまく形作ることを可能にする、同一のカテゴリーとして因果律[141]を考えることによってである。あるいは別の言い方がお望みならば、規制的意志としての理性を記述的因果律としての理性と同一視することによってである。

したがって以上の分析以降は、私たちの言い方では、レヴィナスの言説のなかで働くものとは、けっして規範に変形することなく義務について語る権能であることになる。

7

この論点の範囲を明らかにするために、語用論的な見方に戻るのが有益である。この観点からは、命令の受け手は知的言説の受け手とはまったく違う状況にあることをすでに註記しておいた[142]。この種の言説は、受け手が発言することを正当化し奨励しさえする。それは第一の言表者と同じ「主題」(つまり同じ「指向対象」)についての言表を彼もまた口に出すためであったり、同じ指向対象について第一の言表者が言表したことについて註釈を述べるためであったり、それらを混成的な言説において混ぜ合わせるためであったりする。しかし、たとえ彼が少なくとも規制の世界に留まることを望んだとしても、命令の受け手はまったく自由をもたない。彼は命令を遂行するか、しないかしかできない。もし彼が議論し、註釈し、交渉するなら、彼は不可避的に受けた命令をこの命令の「写像」へと置き換える。この写像とは、議論、註釈、交渉が指向対象とするものである。彼は事実上、規制の世界から外示の世界へと逃げ出しているのだ。

(141)〔編註〕CM:余白に、「彼はこの因果律を構想していたか。彼はそれを用いている。フランス語版〔*CRPque*〕, p. 49–50.」〔カント『実践理性批判』、前掲書、一〇八―一一二頁〕
(142) 既述の§3を参照。

私たちが見てきたように、ある命令を、その命令が規範であると宣言する言表に挿入することは、先行する状況の特定の場合を構成する。誰であれ、義務を規範の権威へと昇格させる者は、この命令の受け手である。彼は命令をその言説の指向対象とし、そのことで、この命令の規範を為す註釈である、新たな言表の送り手の位置にみずからを位置づける。たしかに彼が命令を直接ではなく、伝聞によって知ったということを想像しうるし、かくして命令が遂行力を備えては彼へと到達せず、記述的言説における引用として無効化されて伝わることもあると反駁することはできよう。それはたしかにありうるが、その場合、状況は異なっている。真偽はともかく、誰であれ何者かが、いわば了解した命令を「自分ごととしてとらえる」ことがないのでなければならず、その場合に限ってこの命令は註釈の対象を為しうる。しかし、この註釈は命令が規範にあたると宣言することにあるのだ。

これはとくに、道徳法則を前にしたカントという名の言表者の状況である。私たちはアルチョウロンとカリノフスキーの慣習によって、道徳法則の言表を書き取ってきた。実践理性、すなわち典型的な規範のこの「根本法則」を宣言するカントの言表をいま書き取らねばならないとすれば、私たちが補助的接頭辞 N_k«―»によって与えた法則を、表現の前に置くべきであろうことはわかっている。それは規範の論理に属しており、«―»という記号がまさしく法則と呼ばれるものの言表を指す場合、「カントは「……」を立法した」と読まれる。

カントの完全な言表は次のように表現されることになる。

$$Nk\,\text{«}Oy\alpha\text{»} \equiv [(Ny\,\text{«}Oy\alpha\text{»}) \supset (Ax\ Nx\,\text{«}Ox\alpha\text{»})]$$

表記を単純化するために、外側の括弧を消した場合、これは次のように読まれる。カントと名づけられた主体は次のように立法する。「「少なくとも一人の主体が行為 α を達成しなければならない」と立法した少なくとも一人の主体がいれば、すべての主体が「すべての主体が行為を達成しなければならない」と立法する場合、そしてその場合に限り、少なくとも一人の主体は行為 α を達成しなければならない」」。

義務の受け手（y）の少なくとも一人であるカントは、第一の義務を規範へと昇格させる限り、送り手の位置を占めるに至る。

『実践理性批判』の読者の場合も同じである。読者はカントの註釈を読むと、この註釈に埋め込まれた道徳法則の言表する義務（法則自身の「写像」として）ではなく、カントが規範の高みへと位置づける言説の受け手である。外示的命題の受け手として、彼は行うのではなく了解することを求められる。彼もまた註釈に註釈をつけ、かくしてカントと同じ資格をもつ言表者の立場へ至る。

この置き換えは『実践理性批判』の読者が問題となる場合は正当である。なぜなら彼が読むのは命令ではなく、「……ように行為せよ」という命令が規範であるという宣言だからだ。しかし、この義務の宣言は義務ではない。この点に関して、レヴィナスの読者も異なる立場ではないように思われる。彼が「了解する〔＝聴く〕前に行為せよ」という命令をレヴィナスのある著作のなかに読む場合[143]、言うなれば、彼は行為するためには了解すること（または読むこと）をやめないであろうし、この言表を命令としてではなく、レヴィナスのメタ言語へもたらされた命令の引用または写像として了解「しなければならない」ということが了解される。

もしこの点に関して両読者に違いがなく、自分の哲学書の読者という立場によって、彼らがどちらも、彼らが哲学書に読み取った命令の遂行的価値を無効化すること、また、みずからをありうべき註釈者の立場へと位置づけることを正当化しうるのであれば、それは「著者たち」とは事情が異なっているのである。

カントが道徳的義務を規範として外示できるのは、彼の定式のうちにすでに普遍性が含意されていることによる。「カントが「少なくともある主体はしかじかの行為を達成する、等」と立法する」場合、彼は「……ように行為せよ」という命令に対して「あなたが従う義務が規範として普遍化可能であるからには」という議論を適用しているのにほかならない。意志の特殊な規範が普遍的規範でありうるとすれば、かくして普遍化可能な、しかじかの行為を達成せよとの命令は、それ自身普遍化可能である。この命令はすでに規範において註釈されている。カントの註釈はこの命令を規範として外示しうるが、それは命令が遂行者によって規範として外示されるという条件下でのみ遂行的であるからだ。定式化すれば、私たちが N_k で表した k は、義務が価値をもつために N_y が含意しなければならない N_x の一例である[144]。

[145]この指示関係は重要ではあるが、ここではこれ以上追究しない。道徳の命令が、一方でカント

によって普遍的規範として立てられ、他方で言表において義務と普遍的規範との同等性を含んでいたとしても、論点先取の上に成り立つように見えることの観察で私たちは満足する。それは「示されるべきこと自体が仮定される場合」という、アリストテレスの認めた第一の種類の論点先取である。(146) カントは道徳法則の言表が普遍的に価値をもつことを示さなければならない。しかし、この言表のなかに双条件「……の場合、そしてその場合に限り」を導入することで、格率が普遍的に価値をもつ場合に道徳法則となることを仮定したにほかならないのではないか。

ところが、異なるレベルの言語をふたたび立てる場合、論点先取とは言い切れない。

対象－言語：「それを為せ」

メタ言語1：「「それを為せ」が普遍化可能である場合、それを為せ」

(143) とりわけ、『タルムード四講話』。

(144) 〔編註〕CM：「カントはこの命令を規範として註釈しうるが、それは行為者が、みずからの行為が道徳的であるために、すでに行っているべきであったことだからである」という文に置き換えられている。

(145) §7の終わり〔のこの箇所〕から§8の始めは、講演原稿には収められていない。

(146) Aristote, *Topiques*, VIII, 13, 162 *b* 35.〔アリストテレス「トポス論」山口義久訳、『アリストテレス全集3』、前掲書、三四〇頁〕Cf. *Réfutations sophistiques*, 5, 167 *a* 35.〔「ソフィスト的論駁について」、同書、三八五頁〕

メタ言語2：「「「それを為せ」が普遍化可能である場合、それを為せ」が普遍化可能である場合、それを為せ[147]」

ここで言語の第一のレベルは規制的であり、第二の、メタ言語または註釈のレベルは規制的なものと外示的なものの同等性を立て、第三の、第二のものを引用するレベルは純粋に外示的である。論点先取が起きるためには、メタ言語1と2が実際に同種であり同レベルであることが必要であることになる。たとえば後者の言表、すなわちカントの註釈が記述的であり、「「それを為せ」が普遍化可能である場合、それを為せ」という表現の代わりに「それ」を用いることができれば、それは事実であろう。この場合、言表は次のようになる。

「「それ」を為せ（＝述べよ）」が普遍化可能である場合、「「それを為せ」が普遍化可能である場合、それを為せ」を為せ（＝述べよ）。ここで、最後の「それ」は「　」内の第一の完全な表現に代わって用いられる。

直観的に書き換えると次のようになる。

［（道徳法則の言表）を述べよ］が普遍化可能であれば、［道徳法則の言表］を述べよ。

これはカントの言表ではないように見える。カントは義務法則の言表が普遍化可能であるという条件下で、その言表を宣言するよう彼の読者に命じてはいない。彼は自分の読者に、実践的なことは何も命じていない。読者が道徳法則の言表について何かを述べうる、または述べるべきであるということは、許可や義務という事柄に属することではなく、様相を変えた演繹である。著作の読者は、第三の位階の言表がすっかり属している外示的言表の世界の前に立っているのである。カントの註釈において読者が出会う規制的言表は、結局それ自身の「写像」でしかない。したがって、カントの言表を論点先取から救い出すのは、外示的なメタ言語へ訴えることによってであると主張するのは正当である。

8

しかし、この外示的メタ言語への訴えは、ある種のスキャンダルである。なぜなら、それは第二のレベルの言表における、規制的表現と外示的表現の同等性の上に成り立っているからだ――それは、私たちがすでに引いた一節[148]によってレヴィナスが告発するスキャンダルである。この同等性は知における〈私〉の自己陶酔にほかならないからだ。[149]規制の受け手は、彼が受け取る命令

(147) 正確さを欠く危険があるが、諸言表はここで意図的に単純化されている。J＝M・サランスキに正確な訂正をしていただいた。
(148) E. Levinas, *Totalité et Infini, op. cit.*, p. 192, en appel de la note 12. 〔レヴィナス『全体性と無限』、前掲書、三八六頁〕

を規範の地位に昇らせながら、規制に結び付いた義務について、彼が了解すること（行為の格率）は各人によって了解されうるし、遂行されうると理解することを余儀なくさせる。彼が受け取る命令は、それが外示的メタ言表によって媒介される場合にのみ真に命令である。結果として道徳法則の受け手は、規制が向けられた〈あなた〉、この法則の言表において命令の二人称が表現する〈あなた〉の代わりとなることをやめ、この規制についてそれが普遍化可能か否かの意見を述べる〈私〉の地位を占めることになる。この移行が原因で、受け手が命令を受けとる他者――カントがそれにもかかわらず「推し量れない」と認め、レヴィナスがその超越のなかに維持しようと努めるこの他者――は、自我と「対称的である」ことが見出される。規制的なものの還元不能性は、それが命令の送り手と受け手の消去不能な非対称性を前提とするというのが真であれば、損なわれるのである。

他性のある種のメタ規制としてレヴィナスのあらゆる言説を命じるこの前提は、次のような言表によって表現されうる。すなわち、「〈あなた〉がけっして〈私〉でないこと」である！[150] このような表現は彼の諸著作において数多く見られうるが、次のものはその哲学的な発想の一例である。「〈他人〉と私の差異は［…］私‐他人という事態、すなわち「自己から」〈他人〉への不可避の方向転換にある［…］。存在における多数性は全体化を拒むが、兄弟愛と言説として描かれ、本質的に非対称的な空間において位置づけられるのである」[151]。

しかし非対称性というメタ原理にもっとも肉薄したように思われるのは、このタルムードの註釈者である。[152]「トーラーの贈与がそうであるような出来事の比類なき特徴とは、それが私たちの知る前に受け取るものであることだ〔…〕。問われている行いとは理論に対立する実践であるだけでなく、ある仕方での可能なことから始めることなく現実化することなのだ〔…〕。彼らは聴く前に行う！〔…〕あなたに話す声を聴くことは、事実上、話す者に対する義務を受け入れることだ〔…〕。創造主の威厳ある呼び声を無視することがかくして不可能であるので、受け入れはその受動性をけっして超えることがない[153]」。

(149)〔編註〕講演原稿はここで再開している。つながりは以下の通り。「しかし、レヴィナスの場合は、同様にそこから出発することはできないであろう。記述の受け手は……」。

(150)「あなた」と「私」はこの言表において対義語であり、私たちはすでに用いられた慣習に従って、強調と斜線〔ここでは括弧〕によって表記する。Cf. Josette Rey-Debove, *Le Métalangage. Étude du discours sur le langage*, *op. cit.*, p. 10–11.

(151) E. Levinas, *Totalité et Infini*, *op. cit.*, p. 190.〔レヴィナス『全体性と無限』、前掲書、三八三頁〕

(152) さらに言えば、「シャバト（安息日、*Chabat*）」の章（88 b–88 b）について。レヴィナスが註釈する「シャバト」の一節は次に掲げるテクストにおいて訳出されている。*Quatre lectures talmudiques*, *op. cit.*, p. 67–69.〔レヴィナス『タルムード四講話』、前掲書、七七—七九頁〕

(153) *Ibid.*, p. 91, p. 95, p. 98, p. 104–105, p. 108.〔同書、一〇三、一〇七—一〇八、一一一、一一七—一一八、一二二頁〕

したがって問われるのは、第一のレベルにあり、諸命令の自然言語において表現され、「「あなた」はけっして「私」ではない」というメタ原理を満足するような規制的言表を、いかに定式化するかだ。[154]

初めに私たちが行った粗描に従って、[155]レヴィナスの著作を前にした註釈者が置かれる状況から出発しよう。彼が著作を了解しているならば、彼は了解しているはずがないし、彼が了解していないならば、彼は了解している。[156]

しかし現代まで伝わる「逆説」、プラトンとアリストテレスの、メガラ学派とキュニコス学派の対立する一群の「逆説」のなかに、同様に矛盾的な規制的言表が存在する。それは「従うな！」という命令である。

アリストテレスはそれを、次のような文脈で指し示した。ソフィストたちの用いた反駁の方法のうちで、言語外で（*exo tès lexeôs*）作動し、言語（*lexis*、あるいは *dictio*）に基づくことなく、またはそれのみに基づくことなく働き、思考のカテゴリーを悪用するものを、彼は偽推論と呼んだ。[157]アリストテレスによれば、この偽推論の部分集合は帰属における絶対的なものと相対的なものの混同の上に成り立つ。しかじかのことが絶対的に語られているか、または、絶対的ではなく特定の点から語られているかの混同である（*to aplôs versus kata ti*, ou *to aplôs versus pè*）。このような混同を用いる言表の例は次のものである。「非存在者を思いなしうる（思いなしの可能な対象である）場合、この非存在者は存在する」[158]。このような詭弁を斥けるためには、隠れたカテゴリー、関係性を再導入し

(154)〔編註〕CM：「興味深く問われるのは……の定式化の達成であることになろう」に変更。
(155)〔編註〕CM：ここからの六段落は以下のような書き換えに変更される。

「締めくくるにあたって、私が提案したいのは、アリストテレスによって示される逆説の中で、これに相関する肯定文を、駆け足で検討することだ（*Réfutations sophistiques*, 4, 165 *b* 24 et 25, 180 *a* 26 et suiv.〔「アリストテレス「ソフィスト的論駁について」、『アリストテレス全集3』、前掲書、三七四、四四八頁以下〕）――「従え！」である。慣習上、この言表は「あなたが他所で受け取った命令に従え！」という完全な文の省略された形として受け手に了解される。したがって二つの命令が区別される。第一の命令は遂行すべき行為の指示、「扉を閉めろ！」を含んでいる。第二の命令「従え！」は第一の命令が遂行的であることをふたたび呼びかける。第一と第二の命令の順番は、時間的というより論理的な継起と考えられる。つまり、「従え！」という表現は「現実の」時間においては、指示を与える命令に先んずることがありうる。この順番の互いに対する変更が各項の論理的な固有性に影響することなく、そうなりうるのである。とくにこれらの二つの場合では、命令への二度目の呼びかけ（あるいは、呼びかけ）は排他的に発話行為的な価値を有する。それは受け手に遂行すべき行為を命じるのではなく、先行または後行する規制的言表を遂行的態度で受け取ること、もしくはこう言ってよければ、この言表によって強いられることを命じるのである。

したがって、単独で受け取った「従え！」なる表現は、不完全な言表であるがゆえに、つねに初めから拒むことができる。この困難を別様に述べよう。この言表は義務論の論理のメタ言語に据え付けられた語彙と統語法の規則の総体を満足するように、うまく形成された表現の一つではない。自然言語において「……は義務である」とも読まれる記号Oを解釈しうる表現のひとつなのだ。この記号は演算子であり、その固有性は命題から、あるいはその右側に位置づけられる命さえすればよい。それは、アリストテレスが述べるには、「対立と矛盾、肯定と否定が同じ対象に絶対的に［*aplôs*］属することは不可能であるが、これらの［属性の］どちらかが何らかの仕方、ある程度、ある方法でこの対象に属することについては、何の妨げもない［…］」[159]からである。ここでさらに同じ偽推論の新たな例を見る。「同じ者［主体］が同じもの［命令または主体］に従い、かつ従わないことは可能か」。アリストテレスは簡潔な議論でこのような可能性を斥ける。「従わない者は［端的に］従っておらず、何らかの仕方で従っているのである[160]」。

かのスタゲイラ人［アリストテレス］が示した言表「従うな！」は、このように再構成することができる。しかし、この命令は完全な言表として了解されるという条件下でのみ逆説的である。これはどういう意味か。

この命令に相関する肯定文、「従え！」の場合を調べてみよう。慣習上、この言表は「あなたが他所で受け取った命令に従え！」という完全な文の省略された形として受け手に了解される。したがって二つの命令が区別される。第一の命令は遂行すべき行為の指示、「扉を閉めろ！」を含んでいる。第二の命令「従え！」は第一の命令が遂行的であることをふたたび呼びかける。第一と第二の命令の順番は、時間的というより論理的な継起と考えられる。つまり、「従え！」という表現は「現実の」時間においては、指示を与える命令に先んずることがありうる。この順番の互いに対する変更は、各項の論理的な属性に影響することがない。とくにこれらの二つの場合では、命令への二度目の呼びかけ（あるいは、はじめの呼びかけ）は排他的に発話行為的な価値を有する。

じるのである。

それは受け手に遂行すべき行為を命じるのではなく、先行または後行する規制的言表を遂行的態度で受け取ること、もしくはこう言ってよければ、この言表によって行為を強いられることを命じるのである。

したがって、単独で受け取った「従え！」なる命令は、指示を欠いた不完全な言表であるがゆえに、つねに拒むことができる。それゆえ、ジャン＝ミシェル・サランスキはこの点、次のよう

題の根本的なものから義務を作り出すことにある。この記号は、独力で義務論的論理のうまく形成された表現の一つを構成することはできない。この表現は（単項の論理において）pが命題的論理のうまく形成された表現の一つであるところの「O(p)」の形式に属する。さらに論理学者は、うまく形成された義務論的表現とは、「義務論的演算子を繰り返す［反復する（*iterate*）］表現」ではないと明示する。したがって彼は「O」のような表現のみならず「O(O)」のような表現も一貫性のないものとして排除する。この排除によって論理学者は、彼によっては名づけられていないが、私たちに判別される「逆説」に対して用心すると明言する」。

(156) 既述の§1を参照。

(157) Aristote, *Réfutations sophistiques*, 4, 165 *b* 24.〔アリストテレス「ソフィスト的論駁について」、『アリストテレス全集3』、前掲書、三七四頁〕

(158) *Ibid.*, 167 *a* 1.〔同書、三八二頁〕

(159) *Ibid.*, 25, 180 *a* 26 et suiv. : « *pè méntoi ékatéron è pros ti è pôs* [...] ».〔同書、四四八頁〕

(160) *Ibid.*, 180 *b* 1 : « *Oud'ho apeithôn peithétai, alla ti peithétai* ».〔同書、四四九頁〕

な格率の不確かさと比較している。[161]「aならばb。かつa」。よく知られているように、これを遂行可能にするために、ルイス・キャロルの亀は[162]「aであればb。かつa。ならばb」と表現される新たな指示cを要求する。しかしこの指示c自身、bを結論づけうる演繹「aならばb。かつa。かつc。ならばb」において導入されなければならない。それは新たな指示dを構成する。以下同様に続いてゆく。

サランスキの観察によれば、以下のことも同様である。それが完全な言表であると主張するのであれば「従え！」。Oが「従え！」なる命令であり、eがそれを遂行することであるとする。得られるのは「Oならばe。かつO」。命令が遂行されるためにここに欠けている指示とは「Oならばe。かつO。ならばe」。しかし、ここで「「従え！」に従え！」なる命令O′であるこの指示は、先行する演繹においてOの遂行の補助的条件として導入されることになる。つまり「Oならばe。かつO。かつO′。ならばe」、等々。命令の遂行はつねに繰り延べられる、もしくは、つねに指示が欠けていることになる。

「従え！」なる言表の興味深い属性をよりよく明示するために、この議論[163]を用いることができる。思うに、サランスキが原初的ドクサに分類するためにこの言表の特徴とするのは、まさにこの固有性である。この言表は義務論の論理のメタ言語の位置にある語彙と統語法の規則の総体を満足するべく、うまく形成された表現の一つではない。自然言語において「……は義務である」とも読まれるメタ言語的記号Oを解釈しうる表現のひとつなのだ。この記号は演算子であり、その固有性は命題から、あるいはその右側に書かれた命題素から義務を作り出すことにある。この記号は、独力で義務論的論理に従う表現の一つを構成することはできない。この表現は（単項の論理において）pが命題的論理に従う表現の一つであるところの「O(p)」の形式に属する。[164] さらに論理学者は、義務論に従う表現とは、「義務論的演算子を繰り返す〔反復する（*iterate*）〕表現」[165][166] ではないと述べる。したがって彼は「O」のような表現のみならず「O(O)」のような表現も一貫性のないものとして排除する。この排除によって論理学者は、私たちが解読する「逆説」――彼はそ

---

(161) J.-M. Salanskis, « Genèses "actuelles" et genèses "sérielles" de l'inconsistant et de l'hétérogène », *Critique*, n° 379, décembre 1978, p. 1155–1173.

(162) L. Carroll, « Ce que se dirent Achille et la tortue », dans *Logique sans peine*, Paris, Hermann, 1966, p. 241–246.〔ルイス・キャロル「亀がアキレスに言ったこと」石波杏訳、青空文庫、https://www.aozora.gr.jp/cards/001393/files/59966_68329.html（二〇一九年三月七日最終更新、二〇二四年一月三一日閲覧）〕

(163) 私たちが議論を行ってきた、「従え！」という表現の時間的な固有性を、ここでは無視する。

(164) 少なくとも、フォン・ウリクトによる先入見である。Von Wright, « Deontic Logics », *op. cit.* 次のテクストと比較。N. Rescher, *The Logic of Commands*, London - New York, Routledge & K. Paul, 1966.

(165) G. H. von Wright, « Deontic Logics », *op. cit.*, p. 536

(166) 〔編註〕CM：余白に、「あるいは、いずれにせよ、根本的な命題性」。

う呼ばないであろうが——を予防するのだと言い立てる。
　したがって私たちはこの記号〇を、まったく端的に、命令の言語について語りうるメタ言語の語彙に位置づけようとする。しかしこの解決策は、メタ言語という語が混乱して使用されているがゆえに不満足なものである。この語は、第一のレベルに属する表現の真理値を決定しうる第二のレベルにある言語であると定義される。[167] 演算子〇はまったくこの機能を満たさない。たとえ演算子へと回帰しうる部分のためであってもそうなのだ。繰り返すが、それはこの演算子からなる命題が記述的でも帰属的でもなく、規制的だからである。この命題に関するメタ言語が存在するならば、すでに述べたようにそれは外示的でなければならないが、そのとき義務の演算子がメタ言語に属しているならば、それは命題的論理に由来する真理値決定素と同じ機能を満たしはしない。たとえば（演繹の演算子の場合）一方から他方を演繹しうるがゆえに二つの規制的言表の関係が真であると述べうるし、あるいは反対に、（排他の演算子の場合）一方と他方が矛盾するがゆえに偽であると述べうるような決定素は、義務に関しては存在しない。これに対し、みずからにおいて得られた義務の演算子は、自然言語の規制的表現において出会うとき、真であると述べる主張には属していないし、義務論的演算子とみなされるとき、この言表の真偽の妥当性を決定させることもない。その反面、この演算子は、その言語形態がなんであれ、規制的表現を形成するために不可欠である。それは、あらゆる真偽の妥当性の手前で、みずからを義務的なものとするあらゆる指示を伴う規制なのだ。

この〈の手前で〉とは、[168] レヴィナスが〈の彼方へ〉で示そうとしたものだろうか。おそらくはそうだ。しかしなお、このような言表が語用論的な相関者とするものを、レヴィナスの言う「受動性[169]」を見失ってはならない。カントは、私たちのあらゆる表象に「我思う（*Ich denke*）」を伴わせる。この主張からしてすでに、私たちが言表行為の条項と名づけたものは境界づけられている。[170] しかしそれと同じ仕方で「あなたは……せよ」や「従え！」を私たちの規制文には伴わせることができない。義務の言表の形式は命題論理の言表の形式と異なっているうえに、言表行為の哲学の領域にのみ属するわけでもない。かならず二人称によって為されなければならないからこそ、規制的なものは、反省的なものとは違い、かならず語用論を共示するのである。

だからこそ、自分が述べたことを表現または表現の一部としうる言表的審級なくして、言表行為の条項は規制的言表の世界においては働くことができない。このように言表行為の条項を取り除くことで、規制的言表が、命題的論理がみずからの領域を安定して作用させるべく先行すると

---

(167) ラッセルとタルスキーの語義に従う。
(168) 〔編註〕CM：「したがって、それは、この演算子、このの手前でとは」に変更。
(169) とりわけ次を参照。E. Levinas, *Autrement qu'être ou au-delà de l'essence*, *op. cit.*, p. 141-143.〔レヴィナス『存在の彼方へ』、前掲書、二五八—二六二頁〕
(170) 既述の§2を参照。

いう機能と同じ機能をもつというわけではまったくない。それがここで意味するのは、ある表現は受け手の観点からのみ規制的と見なされうるということだ。表現が内包する命令を遂行するかしないかは別問題だ。つまり、つねに表現は義務として受け取られ、それをみずからの負う義務として受け取る者を捕らえ、こう言いたければ、簒奪する。それは、〔レヴィナスが〕ほかならぬ「人質[171]」という名によって指し示す条件である。

したがって、「従え！」なる表現は、レヴィナスが倫理的状況に認めたいくつかの固有性に重なる。みずからを遂行的なものとする指示を具えてはいないのだから、それは絶対的に「空虚」な規定である。道徳法則のカント的言表が授ける普遍性のメタ指示でさえない。この表現は遂行不可能であるが、遂行的となるものである。

それゆえこの表現は、理解されるという意味で了解されることはなく、受け取られるという意味で了解されるのである。しかしながら、この表現は実際それ自身として受け取られることはけっしてなく、完全な、「十全な」規制的言表、すなわち指示を行う規制的言表という形の下に隠されるのみである。したがってこの表現は、まさしくカントにおいてそうであるように「単純な形式」であるが、この形式は外示的なものである普遍性という形式ではない。この表現は義務の形式であり、それは語用論的だ。レヴィナスによれば、「それ」は普遍的であるから義務的であるのではなく、端的に義務的なのだ。それゆえ「それ」が了解されるより前に為さねばならない。だとすれば、〈主〉がイスラエルに要求するのは、服従でさえなく、むしろみずからへの義務であり、それはこの民が負っているはずの義務を指示するより前の義務である。[172] だからこそ知による支配、つまりは言表行為の自己陶酔は中断されるのである。

このことから強調されるのは、他性というメタ原理にうまく応えるように思われる、規制的なものの語用論的固有性である。その原理とはすなわち、私たちが導きとした「〈あなた〉はけっして〈私〉ではない！」である。というのも、義務を負うという語用論の布置は、言表行為の布置とは——たとえそれが規制的なものの言表行為の布置であっても——通約不能であるからだ。この通約不能性は人質という条件を伴う自由の通約不能性である。自由が存在するならば、つねにかならず言表する者の審級において賭けられる。しかし倫理的かつ政治的な問いは、〈私〉が享受する自由の問いによって始まるのではなく、〈あなた〉が捕らえられる義務によって始まる。それは「……を告示する」という力ではなく、それは西洋においては不能として解される、[173]「……を義

(171) たとえば次を参照。E. Levinas, *Autrement qu'être ou au-delà de l'essence, op. cit.*, p. 150–151.〔レヴィナス『存在の彼方へ』、前掲書、二七二—二七五頁〕
(172)『出エジプト記』第十九章を参照。
(173)「xは誰からも受け入るべき教訓を得なかった」のような表現を参照。この自己陶酔の正反対のものが、レヴィナス的主題、つまり、読むこと、勉強、学習という主題のなかに見いだされる。そして最終的に、規制文が〈私〉の自由を超越するがゆえに、そこから規制文が到来するところの

務づけられる」という力を伴うのである。

したがって結局、命令のあらゆる受け手が見出される窮屈さを忠実に再構成するために、「従うな！」なる否定形にわざわざ訴える必要はない。そうすることは、言表行為の唯一の条項の力をなおも、あまりに信じすぎていることになる。外示的表現の世界において、この条項だけがあらゆる否定的言表を肯定へと変えることができる。この条項は外示的世界において、逆説の妥当性でないにせよ、その深さを擁護している。しかし、規制文の世界において、言表に伴い、レヴィナスが気にかける力を明示するために、言表の否定形（「従うな！」または「了解するな！」あるいは「命ずるだけをせよ！」におけるように）に訴えることは不必要である。なぜなら、この力が問題とするのは、言表の自発性ではなく、命令への受容性、規制性だからだ。メガラ学派、キュニコス学派はパラドクスによって知のシステムを内側から揺り動かそうとした。ユダヤ人たちにとっては、そこから逃走することが問題だった。最も単純であり、指示としては空虚であるが、語用論的には肯定文である規制文は、差し向けられた者を知的世界の外へとたちどころに位置づける。[174]

＊

少なくとも二つの問いが残される。外示行為とは通約不能なこの状況へのレヴィナスの註釈は、いかにして外示的なメタ言語の罠を逃れるのか。彼の読者は註釈をいかにして受け取るのか。私たちは彼の読者をカントの『第二批判』の読者と同一視したが、そのことは修正する必要があるだろうか。

他者とは、その位置づけによって〈私〉の師である、という重要な主題のなかに見いだされるのである。

(174) 最後の諸段落の書き直しによって、講演原稿は完成する。ここ以降、リオタールは次のような言葉で締めくくる。

「規制性と外示性との通約不能性を尊重することは、次のことを要請するということが、この分析によって明らかにされた。つまり、規制性(カント)を外示する註釈ではなく、ある規制性、つまり私がメタ規制性と呼んだものを発見することである。

この分析によって開かれた問いは、今後はまさしく、このメタ規制性の位置づけ、とくに語用論的位置づけの問題となる」。

知とは別様に(1)

第一討議

［前略］

ジャン＝フランソワ・リオタール――私は二つの指摘をしたいと思います。じつのところ、それらはむしろ私自身が考えている問いであり、プティドマンジュの発表のみならずレヴィナスの著作について、とくに彼がいま明確化したことについての問いです。第一の問いはプティドマン

(1) ここに続く二つの討議は、ギー・プティドマンジュの発表（「哲学と暴力」）とジャック・ロランの発表（「両価性の論理」）のあとに行われたものである。

ジュが主題化した幼年期を、第二の問いは倫理と存在論の関係を扱うものです。

　第一の問いについて、私はある種のためらいと緊張を感じます。それが良い問いかどうか、私にはわかりません、私自身が考えている問いです。それはあなた〔レヴィナス〕が描写した幼年期の位置づけに関するためらいです。レヴィナス思想のとても基礎的なものが問われています。あなたはまず、自律的な契機——ある仕方で、自律の契機——としてそれを提示しました。それは自己とその世界の享受という契機であり、何らかの覚醒、目覚めの場が存在するのです。そこには明らかに、学校という場、そしてまた教育的暴力の必要性が生じます。そして他方では反対に——二つの主題はどちらも著作に見出されると思いますが——、受動性が最初にあり、したがって、不在における他者の現前が自己の中心にすでに書き込まれているということをあなたは示しました。この場合、自律の契機は存在しません。なぜなら、他律——言い表そうとするものに対して多少粗野な語ですがご理解いただけるでしょう——こそがその本質であり、この意味で自己享受の瞬間は存在しないのです。第二の側面はエマニュエル・レヴィナスの著作においてまったく明らかです。たとえば『タルムード四講話』における「了解する前に為せ」というテーマです。この主張は、呼びかけの根本的な優越性が存在すること、そして了解するという行為が反対に、それがいかなる危険性を孕んでいても、意味の割り当てであることを示します。だとすると、私の夢想かもしれませんがこう言いましょう、幼年期は亀裂の「契機」であり、呼びかけの痕跡であり、成熟と呼ばれるものは往々にして、逆に同一化への強迫観念によって特徴づけられることになるでしょう。このことから一つの仮説へと進みましょう。いずれにせよ、この関係は時系列的にではなく、むしろ二つの立場間の永続的な緊張として見られるべきです。私のレヴィナス読解――それによって私はしばしば非難されるのですが――において、呼びかけが本質的であるとされる聖書的伝統と、あるエゴ――それは超越論的でありましょう――からの自己の構成という問題にいまだに多くを負っている現象学的伝統とのあいだの緊張を、私は見るのです。

私の第二の問いは倫理と存在論の関係についてです。いましがたレヴィナスは、存在論的主題が彼のなかに掻き立てるあらゆる不安を想起させました。私はあなたの発表における二つの点に言及しようと思います。第一に、他者とは問われうるものではなく、むしろ問いに付す者であるということをあなたは強調しました。他方あなたは、つねに脅かす幼年期という仮説において、目覚めについて述べました。それは〈同〉の只中での目覚め、こう言ってよければフッサール現象学に至るまでその描写が見出される亀裂の目覚めの同一化と解された幼年期です。この主題について、フッサールによる数多くのテクストが存在します。理性に取り憑き、自己がみずからに同一化するのを阻む他性がここで本質的に問題になっているということを、私は理解していると思います。フッサールにおいてこの他性は時間という名をもっています。

私はこれらの点を、倫理と存在論の関係を問うためにふたたび取り上げます。他者を問うことはできず、反対に他者とは、彼を起点として応答が与えられ、彼への責任が取られ、また負われる者であるということは、レヴィナスにおける他者はハイデガーにおける存在と共通点をもっているということにほかならないのです。レヴィナスの言に反して、少なくともハイデガーのような人にとっては、存在論はけっして存在的なものにおける閉域ではなく、呼びかけに対して開かれ、注意し続けることを示しています。そして、この呼びかけは応答のみならず、開かれた問いを保持しうるのでなければならないという意味での責任を要求します。ここに第一の問いがあります。

次に、第二の点に関してです。フッサール、そしてもちろんハイデガーのように、あなたが時間の現象学を通して考えるなら、問題は適切に言えば倫理ではないように思われます。それはレヴィナスがいましがた明示した広い意味での、根本的な意味での倫理であれそうなのです。問題は、こう言ってよければ他者、他なる人間に先行しているのです。それは自己と時間の関係にあります。言わば、それは自己によるみずからの把握不可能性にあるのです。したがって、レヴィナスがつねに主題化する意味での超越の現前としてではなく、この超越が自己の同一化を禁じるものとして自己の時間性を構成するという意味において、亀裂を考えなければならないことになります。私の問いは次の通りで、これがエマニュエル・レヴィナスに提起する問いです。最近ハイデガーを読み直したところ、あることにきわめて驚かされました。それは、あたかもハイデガーはレヴィナスが属す、つまりあなたが了解する倫理の管轄にある思考の伝統を再開し、存在論にこの思考の伝統をふたたびもたらそうとしているかのようなのです。ハイデガーは他者の位置に存在を置いた――それゆえ存在にとても大きな射程を与えたかのようです。あなたが他者に認めることを望む、この射程をです。それは、こう言ってよければ、ユダヤ的源泉に属する思考の独占、拉致、という運動のなかで、それを非ユダヤ的、ギリシア的存在論の名の下に、彼は別の語彙へと翻訳しようとしています。いずれにせよ確かなのは、いわば思考または〈現存在〉と存在の関係において、ハイデガーには暴力が存在するということです。あなたが——とりわけ政治的な——思考や示唆においてつねに、正当な資格で、烙印を押してきたハイデガーの暴力について、私は述べているのではありません。

私の問いは根本的には次のものです。あなたが倫理的な出会いと呼ぶものは、同じモデルに属しているのではないか——あなたが彼から聖書的なモデルを借用しているというわけではなく、むしろ反対だと言えるでしょうが。この出会いは存在による、その退引における思考の剝奪にほかならないのではないか。ハイデガーにおいて、この運動は、あなたが倫理と呼ぶものから最終的には到来するものであり、それとは別の装いで再開されるものなのではないか。そうだとすれば、あなたと存在論の関係をふたたび考えなければならないのではないか。

エマニュエル・レヴィナス——ジャン゠フランソワ・リオタールの発言が提起した根本的な差異を明示するために、幼年期という概念が私にとって便利だとは思いません。同一性と自律性の区別とは、一方で「自己享受」、他方でそれは〈私〉のなかで根源的である服従、呼びかけへの応答、受動性、他律です。私は自分の分析でそれほどたくさん幼年期なる概念を使いませんでした。

私にとって主な大きな断絶とは、「みずからの存在を気に掛けて」おり、人間の生きる生においてなお自己へと広がっているみずからの〈存在への固執《コナトゥス・エッセンディ》〉(2)において存在することと、コナトゥスの執拗さの後ろから、コナトゥスに抗して他者に身を捧げる、またはこの献身をすでに予感する人間の可能性——純粋な出来事性だが、ただちに純粋な、あるいは聖なる出来事性——とのあいだにあるものです。したがって第一のものは、〈存在への固執〉における、つまりすでに自己自身、すでに存在することとの自己性あるいは根源的エゴイズムであるような、存在に対する前反省的な存在の内観における、存在ないし存在の出来事であり、内省の主題化もしくは客観化する反省が前提とする折り返しであり、存在を掌握することにおける即自と対自であり、存在を介して－把握すること（*per-ception*〔知覚〕）、共に－つかむこと（com-*préhension*〔理解〕）、存在－論（onto-logie）です。それは、〈存在への固執〉における存在——人間においてこの存在自体がつねに問題となる存在であり、〔再帰〕代名詞 se の結び目が結ばれる連結であり、存在がみずからに回帰しつつ再帰的動詞において「みずからの同一性と世界」の享受を白状する連結であり、存在が「痛めつける」把握不能なものとの抗争においてみずからの苦痛を白状する連結であります。しかしここに第二のもの、すなわち〈非人間的なもの〉における、存在論の彼方での、新たな可能性が存在するのです。他人の他性に対する、彼の近さにおける把握不可能なものの超越性へと〈無関心でいられないこと〉の人間における目覚めなのです。諸対象の暴－露（dé-voile-ment）の彼方に、他人は顔として現れの諸形態を、または人格や市民というその仮面の諸形態を脱ぎ－去る（se dé-nuder）のです。可死性と弱さと悲惨さとして、またしかし無防備な権威としての顔は、近づく者のなかに太古の〔＝記憶不能な〕、あらゆる罪責性から独立で、あらゆる犯された間違いよりも前の責任を要求し命じるのですが、この他者へのアプリオリな責任を負うことで、他者へ近づく者は唯一でかけがえのないものであることを強いられていること、したがって〈私〉として定義され〈選ばれている〉ことをふたたび見出すのです。

ジャン＝フランソワ・リオタールの第二の発言、すなわち、他人への責任についてのユダヤ的源泉——聖句の権威の下に提示することはしないけれども、私はこの源泉に逆らうことはしません——と、人間が存在の意味への責任をもつハイデガーの根本的存在論において、この源泉が被っていたかもしれない置き換えとの類似性に関する発言については、私はそのアプローチを排除しませんが、形式的なものにすぎないのではないかと危惧しています。ハイデガーの弟子たちが、彼らの師——私たちの師——がヘブライの聖書に結び付けていたであろう重要性に異議を唱えていることを知っています。ここで私はその反対の仮説もやはり排除しません。つまり、私たちの

（2）〔エマニュエル・レヴィナスによる註〕コナトゥス・エッセンディ、〈存在への固執〉とはおそらく、生のあらゆる様相へと、物質的な原子核形成と原子的包含、「存在する限りの存在」を延長することでしかない。この隠喩的な比較を、どうか許していただきたい。

時代の哲学的定式化にハイデガーが与えた影響です。彼は私たちの哲学的言語を決定づけたのです！　しかし、私はとりわけ次のことを考えます。他人－への－責任が知解可能性の超越性において優先すること、理性的なものの普遍性はすでに平和、対面、ひとりとひとりの近さを前提しているということ、言語――超越者への忠誠――があらゆる思考を支えるということをです。

〔後略〕

これが私がリオタールへ言いたかった二つのことです。私は特に第一のものにこだわります。

第二討議

〔前略〕

フランソワ・マルティ――〔…〕すでに第一討議は、ジャン＝フランソワ・リオタールがエマニュエル・レヴィナスに対して問いを立てた際に、愛という契機に関係していましたし、エマニュエル・レヴィナスの方からもそこへ至っていました。ハイデガーにおいて呼びかけ――存在の呼びかけ――はおそらく存在すること、そしてレヴィナスにおいてこの呼びかけは他人に対する責任という形を、そして最終的には愛という形をとるということが思い出されます。おそらくふたたび問いを開くのがよいでしょう。ジャン＝フランソワ・リオタールは再開を望むでしょうか。

ジャン＝フランソワ・リオタール――私はどういうものであれ再開できそうもないと感じています。おそらく迂回路を経てそうすることになるでしょう。ところで、あなた〔レヴィナス〕の思考における聖書の権威についての問いへと、また他方で、あなたが描くであろう愛を論じるジャン＝リュック・マリオンの提題へと、あなたが与えた答えに私は驚いています。第一の点について、私はアラン・ダヴィッドの問いに含まれていたと思われるものを、より冷徹に（手荒なのは私の癖です）再開しようと思います。あなたは言いました。「いいえ、私の思考が位置づけられるのは聖書の権威の下にではなく、現象学の権威の下なのです」。そのうえ、私はある日の電話で、あなたがそれについて私のそばで抗議したのを思い出します。「しかしあなたは私をユダヤ的思想家にしようとしています！」私は実際あなたをユダヤ的思想家と考えていたので驚きましたし、私はそこにこだわっているとあなたに言わなければなりません。

説明します。あなたが他者との出会い、他人との出会いの名の下で考えるもの、あなたが至高のものと形容するものは、まさしくひとが〈啓示〉に対して有する関係と同じなのではないでしょうか。こうした出会いと〈啓示〉とは、同一の本質をもつのではないでしょうか。〈啓示〉はフッサールのそれとは異なる形で、あなたの思考に必然的に書き入れられてはいないでしょうか。彼はあえて言えば本当の現象学者であり、〈啓示〉を認識に供されるべきものと考えません――だからこそ彼は他者の問いを仕上げるに至りませんでした。私と同様にあなたがよくご存知の通り、それゆえにこそ彼の「第五省察」は失敗だったのです。言ってみればある仕方で、あなたのあらゆる思考は「デカルト的第五省察」の失敗から始まっており、絶対的に原初的な関係を考案することによってしかこの省察を立て直すことができないのです。この関係とは〈啓示〉であり、言い換えれば他者との出会いであり、この出会いがもたらす自己の解放なのです。

それゆえ、思うに、ここにあなたの反駁不能な思考の次元が存しているのであり、あなたが推論においてそれを斥ける際、私はいつも驚き、残念に思うのです。もう一つ付け加えるならば――お許しいただけますか――、あなたの他性概念を愛という語へ書き換えることに対する注意から導かれる点です。つまり、あなたの思考における顔はけっして現象的ではないということです。それは非現象的なものです。聖書において顔が非現象的であるのとまさしく同じです。言い換えれば、あらゆる種類の解釈学《エルメヌティク》、解釈を欠き、〔にもかかわらず〕それを命じ、それに対してつねに場を与える顔として、他者は現れるということです。そしてこの解釈に対して、非対称性は絶対的なものである、もしくはいずれ絶対的なものとなるのです。さらに付け加えるならば、それに関して愛〔という観念〕は不十分であり、不満です。この伝統において神は、愛されるものではなく従うものに命ずるのであり、後者はまったく異なるものです。これが責任です。

したがって、おわかりのように、私はあなたがいま行った二つの返答に混乱しています。私はこのことがハイデガーの問いに合流するかどうかわかりません。一見そうではないように思われますが、よく見ればおそらく合流するのです。なぜなら、ハイデガーに欠けているのは、まさにこの〈啓示〉だからです。

エマニュエル・レヴィナス――もし返答すべきだとしたら、私たちが議論しているのは句読点についてであると言いましょう。どこに句点を置き、どこに読点を置くかです……。超自然的にやりとりされる真理、したがって場合によっては証明に逆らう真理です――啓示という語の意味について議論すべきなのでしょうか。それは思考のなかで他人が私に関係してくるのとは異なります。他人が「私を眼差す」仕方、つまりただちに対象、個人ではなく、ただちに私が責任をもつ隣人が私を眼差す仕方を主張することとは、ただちに理論的なもの――知も信も！――を超えたことなのです。

フッサールは〈啓示〉をもたなかったとあなたは言います。私はこう言いましょう。彼は他人への道を根源的とは考えなかったからこそ〈啓示〉をもたなかったのです。他人へのこの関係は、諸事物の本性の秩序において、存在、認識、存在と知の基礎づけの純粋な世界においてかくも法外なものであり、宗教的な意味での〈啓示〉の問題へと私たちを導くのです。私はこの二つを同一視しませんが、このことによって私は〈啓示〉をたんなる逸脱と濫用へと至らしめるのではなく、それに意味を与える可能性に接近するのです。

最後の問いについては、聖書を参照することが現象学を本当に歪曲してしまうか否かを知ることが問題です。フッサールがそこに至ることはけっしてなかったとあなたは言います。しかし『イデーン』二巻の、他人の構成の描写において、『デカルト的省察』では消えてしまう観念がありま す。誰かを生気づけることです。誰かを生気づけることは固有の操作であり、類似性によって説明されません。他人を生気づけること、誰かに精神を与えることは、知覚の現象学に属する歩みであるように見えます。非常に奇妙なことに、『デカルト的省察』の第五省察以降、この語は消えてしまうのです。

ピエール＝ジャン・ラバリエール――ジャン＝フランソワ・リオタールとエマニュエル・レヴィナスのあいだに一言割り込みます。両者に対して問いを立てたいと思います。

あなたがたの交わした対話への私の印象は次のものです。ジャン＝フランソワ・リオタールは、往々にして劇的な、切迫した他人との出会いと、レヴィナスが参照する〈啓示〉という観念のあいだに関係を探り出しますが、リオタールはこの関係において、〈啓示〉の観念に、観念の内容のレベルで、ある種の余剰が探り出されると考えます。それは他者との出会いの根本性と絶対性を損ないうる余剰です。エマニュエル・レヴィナスにおけるその関係がこれと反対なのか、そして第二に、〈啓示〉の観念、あるいは実在性、可能性が意味を見出すのは、他者との出会いという未聞のものとしてではないのかと、私は自問します。〈啓示〉の観念は、他人との出会いの根本的な優位性の意味を見出すでしょうし、みずからによって存続し、他人との出会いの劇的な側面を無化しうる第一の観念ではけっしてないということになるでしょう。

エマニュエル・レヴィナス――他者がそれとして与えられ、他者が支える外見や仮面の下にある、他の人間との出会いはここにあります。思考し、推論し、交渉しつつもみずからの我執においていて存続する〈私〉が知覚するのは彼らの外見や、仮面です。この我執からくるやりとりは、ギブアンドテイクの同等性と相互性に従い続けます。またここで、この出会いにおいて他人の顔は剝き出しになり、傷つきやすいもの、抑圧されたもの、また同じく罪あるもの、偶然的なもの、可死的なものの悲惨が剝き出しになるのです。そしてここで、それまで我執にとらわれていた〈私〉が、呼びかけられ選ばれたかのように他者に責任をもつことが可能になり、まさにかくして〈私〉は唯一なのです。彼は神の言葉を聞いたのではないでしょうか。そこで神は観念に到来します。愛のみが与えうるこの愛することとの秩序において、彼は〈私〉を〈私〉として、他者への忠誠として命じます。愛と命令の古典的な二項対立をふたたび問いに付すことによる、愛することとの命令としての愛なのです！　あらゆるこうした現象学が聖書に霊感を得ているのでしょうか。私は現象学は自由だと信じています。しかしおそらく、「他者たち」、似たものたち、人類に属する個人たちによって抑圧され迫害された人間を始点とする、類の外側にいる他の人間の顔と唯一性への準拠は、他性の見事で深遠なる隠喩たる「寡婦、孤児、異邦人」による聖書的正義への呼び戻しなのです。

ジャン゠フランソワ・リオタール――実際おそらく、事態はそのように描写されうるでしょう。しかし私はピエール゠ジャン・ラバリエールの言ったことに完全には同意することはありません。

私の考えでは、問題は一方か他方かに優位性を与えることではないからです。私が主張するのはたんに、エマニュエル・レヴィナスが、彼がまさにいまそうしたように、他者との出会いの驚異は神を考えるべく与えるものだと述べる際、私は——私の悪い癖を出して——あなたが神と解するものについて問うのだということです。しかしまさしく、問われているのは聖書的な神であり、それは相互性を求める愛の神ではなく、反対に、命令し、私を捉える神です。それは二人称で私を捉え、けっして一人称ではなく二人称にみずからを位置づけるよう私に命じる神なのです。このようなことから私は、根底的な差異が存在するように感じるのです。なぜなら、解放という観点からみれば、まさしく愛は一人称ではないからです。一人称であり、私を二人称へと移行させる解放が存在します。〈あなた〉はしかじかを為せ——それ以外は知られていないのです。ここで私の読解はむしろカント的であり、言ってみれば、『第二批判』のカントです。あなたは問題を現象学者として再開すること、他者との関係からいかに神が思考されうるかを示すことができるが、それはどの神でもよいのではありません。それは解放の神なのです。

エマニュエル・レヴィナス——私は、デカルトが無限の観念に見た神と、自分の仕方でそれを了解し、この言葉を理解する人間とのあいだに、命令的なものの最初の構造が組み立てられると考えることをお許しいただこうと思います。私はけっして命令的なものを恐れているわけではありません。命令的なものは人間の関係によって、人間の権威によって、あなたに命じるのが善ではないという事実によって歪められうるのです。あなたに命じるのは、おそらくただちに人間が頭を垂れるものではないかもしれません。しかし、侮辱されることなく頭を垂れる仕方について、本日はふたたび話してきました。あるいは奴隷となることなく服従することについてです。思うに、明らかに形式的な視点からはAがBに命じるならばBはAの奴隷ですが、問題は誰がAなのかです。つまり、この形式的関係の内容です。この関係は何らかの内容を拒みはしません！　命令が善の命令と認識されるのは、この命令的なものという性質からなのです。私に命じる声が聴き取られなければならないのは、この出来事性からなのです。私は聖書に従いますが、聖書と一致はしません。だから私は特別ユダヤ的な思想家ではないのです。私はただの思想家です。

［中略］

ピエール・コラン――ジャン＝フランソワ・リオタールとエマニュエル・レヴィナスのあいだの議論に、私は興味を引かれます。それはとりわけエマニュエル・レヴィナスの思想のもつ聖書という軸を明らかにしました。私の問いは現象学という軸を扱います。私の頭に浮かぶ考えとは、記述される経験が、リオタールが述べたように「非現象的」である顔の現れによる経験の切断という経験である場合、「現象学」について語るのは難しいというものです。ここから、私がエマニュエル・レヴィナスとジャン＝フランソワ・リオタールへ向ける問いは次のものです。それぞれにとって、現象学の現象学的正当性を保証するものとは何でしょうか。

エマニュエル・レヴィナス――学問の規則として確証される規則など存在しません。確信するために何であれフッサールによって書かれたものが必要だということも、やはりありません。しかし、思うにフッサール以降の現象学は、対象の知覚に関するフッサールの記述が有する第一の明証をもたない領域において、真であることを要求していました。ハイデガーについては、実際私は彼に現象学者として多大な賞賛を送ってきました。それは姿を表す多様な射映を考え合わせながらその周りを回らなければならない事物の〔フッサールによる〕記述と同じくらいあらゆる聴衆の同意を集めるのに単純で適しているわけではないのですが、たとえば、〔ハイデガーによる〕感情の記述は現象学の功績の一つです。もっとも、この多様な射映の理論もまた、異論の余地があるのですが。現象学に数学的方法と同じだけ明瞭な方法を保証することはできません。しかし、現象学は私がいま引いた例のようには単純ではない一方で、少なからず示唆に富んでおり、承認されうるのです。現象学もまた、更新されうるものとして本質的に未完成の思考であり――このような知的生の、おそらくは原本的なあり方は、本質的に現象学的なのです。

ピエール・コラン――あなたが想起したのは、事前の規則や諸規範というよりはアポステリオリな確証であるように思われます。現象学の業績がそれ自体として受け止められ、現象学的価値において認められるのは読み手を見出すことによってなのです。

エマニュエル・レヴィナス――ハイデガー現象学は多くの日本人の読者を納得させました。そうした場合には本当に、同意と記述を明示する可能性以外に基準を作り出すことはできません。

ジャン゠フランソワ・リオタール――提起された問いのなかにはたくさんの問いがあります。それは難しい問いです。あなたが気にかけているのは、現象学がみずからによって自動化する能力であり、それは重大な問題です。大づかみに急いで言えば、いましがた辿られた道とは、ともかくはじめには、大筋ではデカルト的な道であり、明証性に訴えることです。しかし、フッサールが探究を進めるにつれ、とくに他人と時間の探求に関して――それがこの二つの実在に関することであるのは偶然ではないのですが――、明証性の観念は薄れ、弱まっています。たとえばエマニュエル・レヴィナス自身、受動性、総合の観念を（とくに知覚の記述において、そしてもちろん他人の「経験」の分析の再開を）強調しましたが、そのことで明らかなのは、この現象学の弱体化と、超越論的な自我であるにしても、いずれにせよ自我を論じる現象学から離れる必要性です。フッサールのあとに開かれたままの問いとは次のものです。自我と他人との概念のみならず、時間との関係、そしておそらくは対象との関係においても――自我はどうなっているのか、です。それは自我論ではないあらゆる現象学研究を開き、そのフランス版とはたとえばメルロ゠ポンティのそれです。私はエマニュエル・レヴィナスの著作のなかにも、この問題圏に属するものを見ています。それは他人、そしておそらくは時間の問題を中心とするもので――多分あなたの著作

における それ、時間について話すべきでしょう……。私が望みがないと形容するのはまさしくこの試み――たしかに適切な言葉ではありませんが、希望に満ちていると形容しても同じことです――、つまり現象学研究が挫折する問題について、とくに他人についてそれを追究する試みです。したがって実際、エマニュエル・レヴィナスの著作全体のなかにはこの点について緊張関係があります。

私が問う際にこの著作をハイデガーのそれに従属させようと欲するわけではまったくなく、次のことを言っているのです。つまり、二つの著作には同じ問いに属するものが存在するのではないか。むしろこう言いましょう、強い意味での、同じ関心に属しているものが存在するのではないか。それは現象学的記述に留まることの不可能性にまさしく先行する関心であり、他性の次元を再導入するよう命ずる関心です。両著作に同じものが存在するのではないでしょうか。たしかに、そのことは両者でまったく異なって呼ばれていますし、〈存在〉と名づけるか〈他〉と名づけるかは別です。この差異の帰結はかなりのものです。しかしいずれにせよ共通のものがあり、〈存在〉も〈他〉も「構成される」ことができないがゆえに、現象学は両者において(「存在論的」であれ「倫理的」であれ)他律に接近しえないものと捉えられているように思われます。あなたが質問において示唆したように、たとえばすべての現象学において、フッサールと同様にヘーゲル現象学においても根本的である語、つまり経験なる語はまさしく一貫性がありません。なぜなら、ある仕方で私たちは、こう言ってよければ非構成的な次元にある時間の経験をもっていません。というのも、時間はけっしてみずからの時間にはない意識、つねに欠けた意識に属しているからです。そして他方、他人との関係は適切に言えば「経験され」てはいないということを知らせる、すでに述べたレヴィナスのテクスト――私はとくに『タルムード講話』のことを考えています――がたくさんあります。それは経験知とは異なるレベルにあるのです。

ハイデガーを想起するとしても、ハイデガー思想にあなたを包括したりあなたの思想にハイデガーを包括したりしようとしているわけではけっしてありません！　私がこの問いを自問するのは、包括を行うためではないのです。なぜなら、私が考えているのはまさしく『存在と時間』のハイデガーではなく、現象学者ハイデガー、むしろ後期の著作のハイデガーであり、それらの著作において現象学が不十分だという総括ははっきり確かめられます。私が述べたかったのはたんにこのことなのです。

エマニュエル・レヴィナス――私たちはまったく同意見です。私は『存在と時間』のハイデガーについてしか話していませんでした。

［中略］

ジャック・コレット――ある問いが問われるべく残されているように思われます。つねに事後的に来るものであるがゆえに反省を捨てるとすれば、私たちはもはやヘーゲル的ではなく、そして、経験を捨てるとすれば、私たちはもはやフッサール的ではありません。だとすれば、この状況において哲学とは何でしょうか。もはや私たちは経験論者でも観念論者でもない、おそらくこれが私たちの居心地の悪い状況です。あるいは、みずから到来が遅すぎると知っている反省、みずからショートすると知っている経験がつねにふたたび出現するのではないでしょうか。

ジャン゠フランソワ・リオタール――エマニュエル・レヴィナスがいましがた述べたことについて応答しましょう。あらゆる思考は知というわけではありません。それはとても明白です。そして哲学はかならずしも、つねにもっぱら知に関係する種類の言説であるということはありません――おそらく必然的にそうなるけれど、つねにそうだというわけではないのです。私たちに応答できるのはそれだけです。

私のレヴィナス思想への称賛はそこに由来しています。この思想はただちに、いわば知の対象ではないような経験または反省の領域を発見します。しかし私たちは、知となることがけっしてないにもかかわらず、それについて何かを述べうるのです。私は、すでに述べたデリダの反論が言ってみればあまり優しいものではなかったことについて同意します。結果として他人の「経験」を取り戻し、極限的にはヘーゲルの知の言説に導き入れるのは、私たちがこの「経験」を註釈するからではありません。反対に、自分で正当性をもたない言葉《パロール》、みずからの正当性を他者に期待する言葉、他者によって要請された言葉、他者へ向けられた言葉、聴き取られ、もしくは聴き取られないであろう言葉、にもかかわらず義務があり、そして知を要求することのない言葉が存在するということを、レヴィナスの著作はつねに主張しようと努めてきたように思われます。基礎づけの観念――私はマリオン(3)がこの主題について述べたことに同意します――、根源の観念はまったくこの類の思考からは排除されており、それゆえ私たちは、知という仕方で語る事柄の所有を禁ずる「根本的な」異種構造に関わっているのです。なぜ哲学がこのことと関係がないということになるのか、私にはわかりません。私たちがそのことを忘れてしまうのは、哲学的な知の観念、おそらくギリシア的な思考が負う観念で、私たちの頭が一杯だからです。

［中略］

エマニュエル・レヴィナス――知ではない思考の可能性を喚起しつつ、私は何より前に――あらゆる観念の前に――誰かの近くにいることのうちにある、精神的なものを主張したいのです。近さ、つまり社会性そのものは、それを表現する知とは「別様に」あるのです。知とは別様にとは、

(3)［討議後に付されたJ＝F・リオタールの註］読者が、ここで軽く触れたほかに、愛についてのジャン＝リュック・マリオンの観察に関して、私からの註釈を見つけられなかったとしても偶然ではない。彼は、私が思うに、レヴィナスの著作からあまりに離れたところへ私たちを導いたのであろう。単純に言えばこういうことだ――私の沈黙は同意ではなかった。

信仰ではありません。私が顔と呼ぶものに「価値をおく」思考が導くのは精神的生——たいそう信用されていない語ですが——人間の近さの生です。それは複数であることです。したがってそれは、異邦的な誰かと「ともに」いること、そこに〈無関心でいられないこと〉が存するのです。この社会性、この近さ、この近くにいること、それは合致の代用品でもなければ、ましてや確実性の代わりの信仰ではまったくありません。哲学が愛であるという有名な知恵とはこの近さではないでしょうか。

ひとのあいだの関係であるものすべてにおいて、私はリオタールのように経験なる語を取り除きます。この社会性は他者の経験ではありません。それは他者の近さなのです。それはお望みならば他者への愛であり、他者との友愛です。他者の死に無関心でいられないことです。このことはたしかに次の信条に翻訳することができます。私にとって他者の死が、重要さと深刻さにおいて私の死に先行することを考えながら他者とともにいることです。おそらくこのように考えることはとても難しいですが、聖性を疑うことができないがゆえに、他者とともにいて無関心でいつづけることは不可能なのです。

［後略］

第II部

規制的言表における他者と、自律の問題

1

西洋ならぬものとは、語の慣例的な意味で西洋の外部にあるもの、西洋と西洋でないものとを隔てる境界線の向こう側にあるものではない、もしくはそれだけではないとすれば、あるいは反対に、西洋ならぬものとは、通俗的な意味で西洋の内部にある、境界線の同じ側にある、それゆえ同一性に属している、もしくはそうでもあるとすれば、西洋とその他者との接続において問われるのはこの同一性である。

西洋の思考と実践の主要なモチーフ、自律〔＝自治〕というモチーフと、こちらも西洋において特筆すべき地位を担っている言表、すなわち規制的言表の特異な固有性とが、いかにして対立するものとして考えられるのかを精査することで、この同一性にのしかかる脅威と同時に、この脅

威に対する反論へも思わぬ仕方で抗することができる。

あらゆる人間社会は、はじめに規制文が奉仕しうる目的ないし諸目的をあらかじめ決めずに、規範として制定された規制文を含んでいることを私たちは認める。西洋社会に固有であるとみられる特徴とは、ある状況と行為領域において可能な規制文が議論され、もっとも正当だと推定されるものが規範として制定されることを目指すある制度ないし諸制度を、その内奥において承認しているということだ。政治的諸制度は、唯一の例でないにせよ、そのよい例である。他方、古代のギリシア人たちが政治と同一視することのなかった倫理の領域は、二番手におさまる。そして、そこには別の行為領域が見出され、私たちの興味を引く非常に逆説的な「事実」、つまり「何を為すか」と社会自身が問うという事実が明らかになる。したがって、クロード・ルフォールならば言うであろうが、それは社会の善行を問うことの社会的事実であり、制度化するものを問うことの制度である。私たちはここで、このような事実から、規制的言表に対して帰結する制度的立場のみを取り上げる。為すべきことと為さぬべきことは（少なくとも部分的に）、世俗的あるいは宗教的伝統を経由して、教育、訓示、道徳性、模範的歴史という形で伝えられるものではない。規制すべきものは受け取られるのではなく、洗練され、審議され、決定され、規範として制定されるのだ。

ここに、私たちが扱う困難が現れる。いかにして規制的言表は帰結しうるか。それが帰結となる推論の前提そのものが命令なのか。そうだとすれば、なぜ、そしていかにしてこれらの規制的前提が、法的制度によって審議と決定における構成要素として受け入れられるのか。そうでないとすれば、つまり、前提が規制的でないとすれば、そうした前提は外示的であり義務的価値はない。言い換えれば、そうした前提は事実状態を記述しているのである。しかしそうだとすれば、いかにして法を導くことができるのか。いかにして、存在するものの記述から為すべきことを演繹することができるのか（その記述は真でありうるか）。

自律の原理がもつ機能とは、こうした語で提起される問いに答えるのではなく、命令の問題圏を言表行為の主体と名づけられるものの方から答えることにある。それは、正当性〔＝権威〕の問題圏である。誰が規制し立法する正当性をもつのか。この問題圏の内に身を置くならば、私たちは法に制定された規制文を、それに論理的に先行する言表――それら自身が外示的であれ規制的であれ――を用いて正当化しようとはしない。法の言表行為の主体の側のこの正当化が探究されるのである。

自律の原理が規制の正当化の問題へと与える「解決法」とは、次のものだ。つまり、規制文を制定する者と、この規制文が（その遂行のために）差し向けられる者とが互いに置き換え可能であるということ、あるいは、規制する者と規制を受け取る者とが同一であるということだ。この「解決法」は――道徳哲学と政治哲学においては言うまでもなく――古代の諸都市や近代の諸国家の歴史において現れることがあったが、こうした自律による正当性の「解決法」は近代において傑出した位置を占めている。それはルソー、カント、フランクリンがそうだが、そこにホッブズ、マルクス、レーニン、さらにはパンネクークと今日の無党派急進主義者《レ・ゾトノム》をも加えることができよう。数々の名前とヴァリエーションが、この同一の原理に属している。

私たちがここで問うのは、この「解決法」である。私たちはそれについて、的確な論点で、決められた道具を用いて問う。それは置換可能性という論点であり、語用論という道具である。私たちの問いが方向づけられるのは、次のような観察によってであるということが理解されるだろう。つまり、自律は命令の送り手と受け手との置換可能性を前提とし、それらが置換可能であるということは、ライプニッツ的な交換法則——真理を変えることなく置き換え可能である場合、両者は同一である（*Eadem sunt quae sibi mutuo substitui possunt, salva veritate*）——の観点で同一であることを示している。しかし、この置換可能性は言表者と規制的言表の受け手とのあいだを原理的に支配する非対称性によって排除されるのではないか。規制文がある場合、彼らのあいだにあるのは他性であり、同一性はありえないはずではないか。そして同一性が存在する場合、規制文の位階を逃れ、記述文の位階に立ち戻っているのではないか。ライプニッツの原理の条件——真理を変えることなく（*salva veritate*）——が指し示すように思われるのは、このことである。規制の正当化によって手を加えられずにいることになるのは、真理性なのだろうか。

2

規制的言表は、文字通りの命令文以外に、要求、請願、相談、願望、教育の表現とそれに類似するものが含まれる、より広大な総体のなかの特殊な一例である。義務論の対象を為すのはこの総体である。(1) 私たちが関心をもつのは立法の正当性の問題のみであるがゆえに、私たちはここでの省察を（私たちが規制文と命名する）命令や指令に限定する。(2)

アリストテレスは『命題論』(3) において、義務論的言表と外示的言表とを次のような言葉で明確に区別する。「あらゆる言説は何事かを意味する《セマンティコス》。それは自然的道具《オルガノン》としてでなく、慣習《カタ・スンテケ》と呼ぶものとしてである。しかし、あらゆる言説が命題的《アポファンティコス》なのではない。それはひとり真か偽かを述べることが属するもののみが命題的である。しかし、このことはすべての場合に起きるのではない。たとえば要求［祈り、euchè］は言説だが真でも偽でもない。したがって、この異なる種類の言説はよそに置いておく。それらの試金石はむしろ修辞学または詩学に関連する事柄であり、命

（1）G. H. von Wright, « Deontic Logics », *American Philosophical Quarterly*, 4, n°2 (1967).
（2）Cf. N. Rescher, *The Logic of Commands*, Londres-New York, 1966. 私たちは、命令の論理を外示するために義務論的表現を用いることになるが、それは諸規範の論理に対立させるためである。
（3）4, 17 *a*.

題的言説のみが目下の理論《テオーリア》の対象となる」。

つまり、ここに〈よそに置くこと〉がある。それは非常に古く、おそらくは賢明な、問題構成の弁別である。言説の総体（意味をもつものの総体）において、私たちが命題的または外示的と呼ぶ論理は命題の表現しか扱わない。私たちの同時代人が記述的または外示的(4)と呼ぶこの表現は、何物か（それらの指向対象）の何事か（それらの記号内容《シニフィエ》）を述べる。正誤はこうした軸のあいだに働くのである。

反対に、請願、要求、命令は、それらの指向対象の何事かを言表する（「ドアを閉めよ」はドアについて何事かを述べている）としても、その真偽を述べることではけっしてない。これらの表現が働くのは、言表の送り手と受け手という軸のあいだである。重要なのは、それらの表現が指向対象に対応していることではなく、それらの表現が、みずからが命じることに対応した効果をもたらすことである。指向対象に対する意味作用のみでは、遂行を伴うのに十分ではないし、その遂行以前にこの特筆すべき状況を喚起するのにも十分ではない。つまり、規制的表現が彼に差し向けられていることのみによって、その受け手が位置づけられる状況、何事かを為すべきだという状況である。

規制的言表は少なくとも行為遂行的である。その言表行為は、意味作用の受け手を形成するのみならず、義務を負うものと位置づける。義務は強制ではなく、この類の言表の有する語用論的効用である。義務は、受け手が受け取った命令に応じて為すと決断することとは完全に独立している。

この主題について、遂行性と規制性を区別することは有益である。「開会を宣言する」のような言表の効用は即時的であり、この言表の言表行為は、ある文脈の状況下では、みずからの意味作用を実行するのに十分だからだ。それは「ドアを開けよ」のような命令については当てはまらない。この意味作用の実行、つまりドアを開けることは、その言表行為と同時的ではなく未到来である（だからこそ、フランス語や他の言語では、未来時制を用いて同じ命令を作ることができる。「あなたはドアを開けなさい（Vous ouvrirez la porte.）」〔この文は「あなたはドアを開けるでしょう」とも訳しうる〕）。命令が即時的に創り出すものは、遂行的な場合のような制度的状況ではなく、受け手にとって義務を負っていること、「為すべきことをもつこと」である発話媒介行為的状況である。

（4）たとえば、「命題は諸事実の状態の記述［*Beschreibung*］である」（L. Wittgenstein, *Tractatus logico-philosophicus*, 4.023.〔ウィトゲンシュタイン『論理哲学論考』野矢茂樹訳、岩波文庫、二〇〇三年、四三―四四頁〕）。

3

アリストテレスの区別に戻ろう。外示文の論理は、単純な言表（述部の論理）、または、それ自身で真なる表現または諸表現を要素として受け取ることで、真なるもののなかに単純な言表を保持する複合的な言表（命題の論理）を形成する諸規則を決定することを目指す。この諸規則は、みずからがそれによって定式化しうる語彙と統語法の洗練を前提としており、この洗練は論理学者のメタ言語を構成する。

アリストテレスが義務論を〈よそに置くこと〉とは、結果として義務論をこのメタ言語から抜き出すことになるのか。ある者はかならずしもそうではないと述べ、またある者はそうであることは明らかだと述べる。前者は義務論的論理の命題的核が命題的論理の核と同一の形式に属していると想像する。(5) 後者はウィトゲンシュタインの初期の概略(6)に従い、それらを「xにとって行為を達成することは義務的である」なるパラダイムに従っているものと表象する。(7) しかし、規制性について語りたければ、特定の論理記号や演算子を——それらは命題的論理に付け加わることになるにせよ、そうでないにせよ——用いなければならない。たとえば義務と許可の演算子は不可欠であるように思われる。

ところが、いずれにせよ「アリストテレスの区分へと」同意を与えるのだとすれば、そのことは新たな不和を隠している。というのも、派生的な義務、許可、論理記号、たとえば黙認されるものとしての非義務、禁止としての非許可を、命題的論理の論理記号と類似したものとみなすことができるからだ。また、それぞれに矛盾を伴う必然、可能は、偶然、不可能である。アリストテレスの用いる区分は、そのおかげで規制性を考えうる参照軸であり続ける。これらの条件において、規制的言表(義務的言表全般)の註釈は、外示的言表の註釈以外の本性をもたないはずであるということは、その一つの重要な結論である。

二つの註釈の源泉に同質性を見るこの主張は、まさしく私たちの問題に触れている。西洋の人間が、彼らの規範を作る規制文を洗練し、議論し、停止しなければならないというのが本当だとすれば、彼は命令の註釈の言語から命令の言語への帰結がうまくいくと認めていることになる。しかし、このことはまったく確かなことではない。

語の言語学的な意味において、註釈の、より一般的にはメタ言語の固有性を速やかに調べよう。(8)

(5) Cf. von Wright, *loc. cit.*, p. 15.

(6) L. Wittgenstein, *Investigations philosophiques*, *op. cit.*, とくに§433, 458, 461, 505, 506, 519.〔ウィトゲンシュタイン『哲学探究』、前掲書、二七二、二八一、二八二、二九六、三〇一頁〕

(7) Cf. Georges Kalinowski, « Du métalangage en logique, Réflexions sur la logique déontique et son rapport avec la logique des normes », *Documents du travail*, n° 48, Urbino, 1975.

(8) Cf. R. Barthes, *Éléments de sémiologie*, Paris, Denoël-Gonthier, 1964〔ロラン・バルト『零度のエクリ

自然言語のすべての語はそれ自身、自己指示的でありうることが知られている。タルスキーが用いた(9)次の例を見れば、形態学的同一性に隠れた位階的差異を容易に理解しうる。「メアリーという名は固有名である」としよう。第一に、この名は命名または指名という価値の下で把握される。第二に、語の種類による文法的分類の対象を為す場合、この名はそれ自身の記号または写像《イマージュ》だ。〔固有名でありながら〕引用されたように述べうるのである。

この固有性は文にも拡張される。かくして、次の第一の場合、「「雪が降る」は雪が降る場合に、その場合にのみ真である」という場合における「雪が降る」、あるいはまた「彼は「雪が降る」と述べた」における「雪が降る」は、ベレジナ河岸のナポレオンの選抜歩兵によって、第一の位階において言表された「雪が降る」なる文の写像である。

メタ言語、より一般的には第二の位階の言語、つまり言語表現を指向するもの（引用や、とりわけ註釈が当てはまるものとして）は、ただそれが指向する表現、それが固有の機能を中性化する表現の写像《イマージュ》のみを含むということがわかる。

「固有の機能を中性化する」とは、正しくはいかなる意味か。フレーゲが外示的表現を主題として行った観察を思い出そう。(10)「私たちが「月」と述べるとき、私たちは月の表象〔*Vorstellung*〕について話したり、ましてやその語の意義〔*Sinn*〕で満足することを意図しているわけではなく、つねに指向を前提としている〔*sondern wir setzen eine Bedeutung voraus*〕」。命題の言表において最重要である指向的機能は、この機能を満たす表現が第二の位階で引用され、運び込まれ、嵌め込まれている等々、ということがわかった瞬間から、現実性を必然的に失ってしまう。それはたとえば、私がいま与えたフレーゲの一節における、「月」の表現に当てはまる。

フレーゲが「私たちが「月」（等々）と述べる時」と書く際、「月」は言表されつつある表現ではなく、〈私たち〉の口にのぼる、そして彼が与える表現である。フレーゲの言説における「月」なる表現は、〈私たち〉の言説における「月」なる表現の写像としての価値だけをもっている。〈私たち〉の言説は〈対象〉たる月を指向対象とするが、〈私たち〉の註釈者フレーゲの言説は、現実の指向の〈対象〉たる月を放棄する。その現実の指向対象は〈私たち〉の言説における「月」なる表現であり、それはその意義（*Sinn*）が現れる言語の位階と独立であるように思われる。それゆえ、第一の位階の言語における現実の指向対象は、第一の位階の言語を現実の指向対象とする第

チュール　付・記号学の原理』渡辺淳、沢村昂一訳、みすず書房、一九九三年〕; Josette Rey-Debove, *Le Métalangage*, Paris, Armand Colin, 1978.

（9）A. Tarski, *Introduction to Logic*, New York-Oxford, 1965, p. 58.

（10）G. Frege, « Über Sinn und Bedeutung », dans *Zeitschrift für Philosophie und philosophische Kritik*, 100 (1892), p. 31〔« Sens et dénotation », dans *Écrits logiques et philosophiques*, Paris, Points essais, 1971〕.〔フレーゲ「意義と意味について」土屋俊訳、『フレーゲ著作集4　哲学論集』、勁草書房、一九九九年、七一―一〇二頁〕

二の位階の言語において、かの指向対象の意味するもの《シニフィエ》となる。

これらの指向対象の移動という帰結を、語用論の術語で理解することはできる。いましがた私たちは言表行為なる語に訴えた。指向機能が、言表的審級と同時に移動させられていると主張することは合理的であるように思われる。ここからたしかに、意義と指向の区別に関わる数多くのためらい、混乱、論争は、外示的言表の語用論的側面が看過されてきたことに由来すると考えたくなるであろう。このような「忘却」は、「月が満ちている」という言表が差し向けられるのが誰に対して、いかなる状況においてかを一般に問うことがないことにある。[11] この忘却はそれ自身偶然ではない。それはとりわけプラトンが達成した、真を述べる行為（命題的行為）における語用論的文脈の削除という、途方もない作業から帰結する。プラトンにおいて書かれるような偽造された対話と、他方で、純粋な教授法とは学の言表に適した語用のみであるというアリストテレスの観念とを、この点についてふたたび調べてみるべきであろう。[12]

しかし、話が命題的言表から義務的言表へ移れば、規制的な文がもたらされるときにそれが被る変容が、それに相関する語用論的文脈の変容に起因することをどうしても無視できない。というのも、引用された文がたとえば規制的言表である際、それを引くことによってその義務的機能を中性化する註釈は、その文の位置づけを変更せざるをえないからである。引用され、あるいは、もたらされた規制文、つまりそれ自身の写像は、義務というみずからの語用論的効用を失う。命令の現実の受け手は義務を負い、為すべきことを有しているが、同様に現実の、命令の引用の受け手は、理解すべきことを有している。「ドアを開けよ」は、私にドアを開けさせる。しかし、たとえばいま私が読んでいる小説の登場人物の口にのぼるような、同じ文の写像である「ドアを開けよ」は、私に立ち上がってドアを開けさせることはないが、たとえばこの場合に命令の受け手はドアを開けるべきだと私に述べさせる。[13]

また実際に言われることで生じるこの分裂を強調することで、義務論的論理記号と命題論理的演算子（アリストテレスのものとされる区分に基づくグループ分け）との血縁関係を引き離したくなる。命題的言表を註釈することとは、命題的なもの、すなわち真に関わる言表の位階にあり続けることである。それに対し、義務論的言表を註釈すること、とくに命令を註釈することとは、

（11） Cf. J. Hintikka, « Truth, and Knowledge in Ancient Greek Philosophy », *American Philosophical Quarterly*, 4, 1 (janvier 1967.

（12） 私たちはこのことを別の機会に行う。

（13） Cf. L. Wittgenstein, *Investigations philosophiques*, *op. cit.*, § 459.〔ウィトゲンシュタイン『哲学探究』、前掲書、二八一頁〕「私たちは次のように述べる――「命令がこれを命じる」そしてそれを行う。しかしまた、「命令が次のように命じる――私が……を為すべしと」。私たちは命令を命題にも、推論にも、行為にも転換するのである」。ローレンス・スターンはこの帰結を次の章で十分に利用している。Lawrence Sterne, *Tristram Shandy*, chap. III.〔ローレンス・スターン『トリストラム・シャンディ氏の生活と意見』綱島窈訳、八潮出版社、一九八七年、第三章〕

言語の位階、あるいはウィトゲンシュタインが述べるように、言語ゲームをまったく変えてしまうことである——それは自分たちを攻撃へと率いる上官に「前進！」と叫ばれた兵士たちが、微動だにせず「お見事！」と答えるのと同じである（ただし、兵士たちが選んだ言語的位階は命題的位階ではなく美学的言表であるが）。

命令的言語から註釈的言語へと移行することで、言語の位階（あるいはゲーム）をまったく変えてしまうとすれば、そのことは反対方向へ、すなわち規制文の註釈から規制文自身へ移行する際にも同じことが起きると前提せねばならない。外示的言表（命題的機能をもつ）から規制的言表（義務的機能をもつ）へと変容する、もしくは一般に派生することを可能にするいかなる論理記号ないし論理記号群も存在しないと考えることは合理的である。別様に言えば、正当であることは真なることから帰結しえない。それはひとえに、記述文から規制文を導く方法を考えることができないからである。

4

正当なるものが真なるものから導かれないことから、西洋の人間は、正当なるものがただちに真なるものであると受け取られる場合をのぞく場合、それがまったく恣意的であるように思われることを恐れた。これは、第一世代のソフィストとその反駁者によって導入された古い議論である。

私たちがここで行うべきなのは、正当な規制文への問いに対して西洋人が与えた、自律の原理に基づく答えを精査することである。私たちは語用論的態度の論理においてこの精査を行う。したがって、「開けよ」「耐えよ」「明日私にそれを返しなさい」「与えられる前に行為せよ」といった最小の規制でも遂行的である、あるいは私たちが述べたように、受け手に義務を課すという語用論の固有性をもつ。しかし、命令の受け手がそれに従うか従わないべきであるような状況に見いだされる場合、受け手はその言表と／またはその言表者に対し、彼をこの義務的状況に位置づける正当性を認めているという考えは、私たちの身の回りではふつう正当だと思われている。規制文は、(それが遂行可能であるという条件をもつかどうかに関わらず) 正当化されるがゆえに遂行的であると私たちは言う。

自律の原理は、おそらく契約の考え方を拡張したものに過ぎないのだが、次のように主張する。すなわち規制性は、その受け手が送り手でもありうる場合にのみ正当化される。言い換えれば、命令の受け手は、それを与えた者に取って代わりうる場合、そしてその場合にのみ、この命令によって義務を負う。おわかりのように、この条件は双条件的であり、同値的とも呼ばれるがゆえに、その原理は相互的な方向で言表されうる。つまり、次の文を与える。命令の送り手はそれを受け取る者に取って代わりうる場合、そしてその場合にのみ命令を与えることを正当化される。

この交換可能性は、正確にはいかなる要素によって構成されるのか。それは、みずからも可能の様相によって変更される二つの変形からなる。xとyは規制的な状況に関係している個人であるとし、*De*と*Da*はそれぞれ規制文の送り手と受け手の審級であるとすると、（*De*, *Da*）は順序集合である。命じるのがxであり、したがって*De*つまり集合の第一の位置、左側に記されるとしよう。自律の原理はまず、二重の交換を意味する。すなわち、*De*にあるxに対するyの交換と、*Da*にあるyに対するxの交換である。この二重の交換は順序集合における項の反転、すなわち(x, y)が(y, x)となるという帰結をもたらす。ゆえにここで、私たちに関係しているのは、Rを符合とする相互的な変形である。[14] このRが適用されれば、順序集合(x, y)については$R(x, y)=(y, x)$と書きうる。

しかしながら、この相互的変形は自律性を定義するには不十分である。自律の原理はさらに、ひとたびこの変形がなされたら、つねに最初の命令に帰することができることをも意味している。それゆえ変形Rは、以前の状況の帰結にも適用されうると想定される。したがって$R(y, x)=(x, y)$が得られる。そして$(y, x)=R(x, y)$であれば、$RR(x, y)=(x, y)$とも書くことができる。この同値性によって、二乗された相互的変形は、同一的変形の一例、すなわち$I(x, y)=(x, y)$にほかならないということが明らかになる。したがって、自律《オートノミー》という語における接頭辞〈みずからの《オート》〉が確かめられる。〈同〉あるいは〈自己〉はこの二重の変形の帰結として形成される。この論理的側面のもとで、私たちが最初に、他者や他性の問題系に必然的に含まれていると述べた同一性の観念とふたたび出会うのである。

いま、自律性の原理を政治的な言葉で書き換えたければ、次のように註釈される。命じる者は命令を受け取る者となりうるし、逆もまたしかりである。規制的審級にある諸個人の交換において、両パートナーによって形成される集合は、自分自身と同一的である。

この最後の固有性によって明白に求められているのは、この集合を順序集合 (x, y) とみなすのをやめるか、あるいは同じことになるが、順序づけられているとみなす場合でも、項の順序がつねに変更されうることである。

このつねに……されうるが思い起こさせるのは、先程すでに注意しておいたように、自律の原理において働く変形は可能の様相によって影響されているということだ。規制する者は規制を受け取る者でありうるし、逆もまたしかりである。そしてこの相互的変形は集合の同一性をこのように確証しつつ、その帰結を変形しうる。この様相性はフランス語において〈交換可能な《スブスティチュアブル》〉の接尾語〈しうる《アブル》〉によって表現されている。

しかし、可能の様相は複数の言語的価値を含んでいる。どれがここで割り当てられるべきなの

(14) Cf. J. B. Grize, *Logique moderne*, Paris et La Haye, 1971, II, 24; J. Piaget, *Essai de logique opératoire*, Paris, 1972.

か。明らかにそれは、交換が「ときには」「場合によっては」起きうること——偶発性の価値に対応する——を意味するのではない。同様に、能力の価値をまとっているのでもない。「彼は三時の約束を守ることができる」と述べる場合のように、個人*x*または*y*の各々が審級を変える力をもつことを示してはいない。交換可能性の原理における可能の様相が指し示すのは、*x*と*y*が私たちの述べた変形を与えられる権利をもつということである（「彼の弁護士は控訴しうる」においてそうであるように）。義務的価値、許可される、あるいは正当化されることの価値が重要なのだ。この価値は、可能性という大きな観念に属する他の価値のように、付加的なものに留まり、非顕在的なものが一般的に顕在化しうることを意味する——この場合は、単純未来の含意と密接に関連づけられた価値自身である——と述べても意味がない。

　いま自律の原理における可能の様相性を急いで特定したが、そのことは私たちがこれからもっぱら示すことになる政治的省察の道を開くことになるはずだ。相互的変形は「法の上に立つ者はない」という格率によって政治的には表現される。これは、市民の各々が法に対する平等な関係にある市民同権《イソノミア》というギリシアの規則に対応している。ここには法を発布する者も含まれており、この規則は同様に、統治者の罷免可能性という規則をも正当化する。同一的変形については、政治的には（国家、階級等の）単一性の不可侵性という原理において表現される。というのもこの変形は、たとえ被統治者が統治者に取って代わることになるとしても、政治的共同体が不変であることを保証するからである。

同一性における他性の機能であるこの二重の機能は、一八七一年のパリ・コミューン政府と同様にアメリカ合衆国憲法を導いている。しかしもっとも、それらのあいだにはいくつかの形式上の違いがあることが知られている。その主要なものの一つが、おそらく可能の様相性と合致する時制的価値に関するものだ。第一に、私たちの述べた交換を実行することが認められるかどうか、第二に、それをいかなる周期で行うことができるかである。パリ・コミューンは、あらゆるコミューンの役職はいかなる瞬間にも罷免されうると宣言する。つまりこの場合、交換の可能性は、(社会－政治的拡張については言うに及ばず)時制の点でももっとも十分な語義を与えられている。合衆国憲法については、交換は四年ごと、会期ごとにしか正当化されない。規制文に関する自律性は、パートナーのお互いが同様の仕方で保持しているのではない。実際、交換が正当化される周期性は、当該共同体の政治的同一性を構成するけっして見過ごされてはならない要素のひとつである。

5

問題のただちに時系列的なこの側面を離れて、ここでさらにわたしたちの興味を引く、自律の論理－倫理的射程を精査することにしよう。この射程を構成する二つの変形は、可能－許可の様相性を伴うのであるが、命令文の語用論的状況を完全に変容させる。エマニュエル・レヴィナスはみずからの著作においてこの状況の理解と描写を行ったと言うことができるが、彼がブーバーの分析[15]に反して指摘したのは、他人との関係は、命令、要求、単なる期待という形で他人から発される規制文によって把捉される（あるいはお望みなら、簒奪されると言うこともできる）ことにあり、この把捉の固有性とは義務的審級に基づくパートナー同士の入れ替えによっては乗り越えられないということだ。私がある場合において、このひそかな命令文の受け手であるとしても、他の場合には送り手になるということができないということではなく、この両立場がそれら自身によっては通約不能であるということだ。最も「単純な」義務を迎え入れることで、私はその「人質」として構成される。レヴィナスにとって、赤貧である他者の要求こそが、あらゆる規制文のなかで規制するものである。この規制を義務づける力を、自分自身でもつ経験から引き出すことは誰にもできない。じつを言えばそこで経験するというより出会うものとは、レヴィナスによれば外部性または超越の「驚異」である。[16]他者は私の師である。たしかに私は独自の他人を義務づける力、私の規制し命ずる能力を経験することができる。しかしこの経験は、義務づける能力を私に対して割り当てるのであれば、〈私〉の自己陶酔である。というのもこの経験は、正当で非専制的である限りでは〈私〉に属しておらず、〈私〉の領域の享受に属してはいないからだ。他者は〈私〉の師として現れる一方で、この経験は他者から〈私〉に到来し、〈私〉を横切り、〈私〉を他者の人質となすのである。したがって、命令する〈あなた〉はけっして可能な〈私〉ではなく、さらに言えば、それだからこそレヴィナスは他人に呼びかける場合、対話の幻想を抱かせる二人称代名詞よりは三人称代名詞を用いようとするのだ。命令文の受け手と送り手の「非対称性」は消えることがない。義務に関して、彼らがひとつの〈私たち〉を形作ることはけっしてないのである。

ここでこれらのテーマがもつはずの反響を返すことはできない。次の観察が唯一可能であろう。ある意味で、レヴィナスの著作が争うものとは、規制文と註釈におけるそれらの写像との混同であり、規制的審級と——外示的である——註釈におけるそれらの審級の写像との混同でもある。〈私〉と〈あなた〉は法の註釈においては交換可能である。なぜならこの註釈は、命令文を指向対象とする命題的言説の位階に属しているからだ。しかし、反乱、不服従、革命のような対価がなければ、両者は現実の規制的状況においては交換可能ではない。規範として、脱走兵の銃殺隊は抽選で選ばれた兵によって命令されるという軍規が発布されたと想像しよう。この規範はそれ自身規制的であるが、その言表において、隊において命令する者と脱走兵の立場は「開かれて」お

(15) M. Buber, *Je et Tu*, trad. fr., Paris, 1938.〔マルティン・ブーバー『我と汝・対話』植田重雄訳、岩波文庫、一九七九年〕
(16) E. Levinas, *Totalité et Infini*. La Haye, 1961, p. 269.〔レヴィナス『全体性と無限』、前掲書、五二三頁〕

り、あなたや私が無差別にそれぞれを占めることもありうるし、(軍における真を定める)真理値を変えることがない。しかし、軍規が註釈し制定する規制文「脱走兵に発砲(せよ)!」においては、事情は同じではない。現実にこうした状況に私が関わっている限り、私は一方か他方にしか位置づけられることはない。「発砲!」と言う〈私〉は命令を受ける者とも散弾を受ける者とも交換可能ではなく、少なくとも信念を変えることがないのである。

これらの簡潔な指摘から導かれるのは、自律の言説の規制的状況に対する関係は、命令の註釈の命令に対する関係と同じであるということだ。すでに述べた意味で、自律の言説は規制的状況を中性化する。義務づけられた者を可能な義務づける者として考える場合、彼らは各々に正当性を支持していると考えられる。この各々とは、可能なものが位置づけられる言語の働きに属しており、(可能な場合)各々のうちのひとりである。命令、要求は仮定上、この各々を排除する。なぜならそれらは構文上、一方がそこで為すべきでないことを他方が為すべきであるという特殊な状況を作り出すからだ。各々はそれとは逆に、命令がその写像や自己指示として把握され、つまり両パートナーがもはや、義務的なもの――規制的言表が遂行を生じさせる――ではなく、メタ義務的なもの――当該言表が註釈を生じさせる――である言語の働きに位置づけられることを前提とする。義務において、誰も他方の立場にはいない。たとえその立場に置かれることが可能であると考えたとしても。このことを、自律の言説は消し去ってしまう。

6

しかしながらこの消去は、私たちがいましがた行った観察が指し示すほど直接的に与えられるものではない。もしそうなら、この消去は何も消し去ることはなく、義務の超越は乗り越えられず、自律の観念はみずからに価値を与えることができないことになろう。消去はみずから消し去られなければならない。

さてこのことは、義務を事実《ファクトゥム》として、カント的に言えば実践理性の「超越論的事実」として考える代わりに、義務を演繹するか、少なくとも正当化するよう努める場合に可能であり、おそらく必然的である。この場合、言語の位階が変わっているのである。規制的状況において信念を変えずには不可能である交換が、記述的状況、メタ言語の状況においては真理を変えずに可能となる。

前者の〔規制的〕状況に留まっていれば、命令する者と命令を受ける者とのあいだに自律によって想定される同一性が、いかなる名で呼ばれうるかがわからない。さて、この同一性が存在するのであれば、それを名づけることができるはずである。しかし、名づけうるとすれば、それは次のような言説においてのみ可能である。つまり、規制的状況を指向する言説、ゆえに規制文の位置にそれらの写像（あるいはそれらの自己指示）を置き換える言説、結果として〈あなた〉と〈私〉という非対称的な義務のパートナーに対して、彼らがとどのつまりは形成しうると判じられる同一性という名の総体、すなわち言表する者と言表される者の総体となる能力を回復する言説である。したがって、規制的状況におけるパートナーが同一の名（つまり同一性）で呼ばれうるのは、規制文に関するメタ言語においてでしかない。規制的状況は命令の送り手と受け手が総体となる〈私たち〉の形成を不可能にするが（というのも、命令は実際には反転もなく両パートナーを分割するからである）、この不可能性は言表における複数の主体の可能性、この命令そのものを指向するメタ言語が供する可能性によって取り除かれる。

パートナーの交換によって構成されるとみられる同一性が名をもちうるために、規制的言表は現実の義務という価値を喪失しなければならない。というのも、命令についてのメタ言語においてこそ、義務のパートナーは〈私たち〉と言いうるからである。〔送り手と受け手という〕規制的審級が被りうるはずの相互的かつ同一的変形によって、彼らは自分たちが形成しうる同一性とは何かを宣言しうるし、私たちがすでにそうしたように、それを定義さえしうる。このように、メタ言語における同一性の宣言によって、彼らは義務に結びついた他性を解消することができる。

これが古典的な〈宣言〉の役割である。この〈宣言〉において提起される問いとはまさしく規制することの正当性の問いであるから、そこで諸々の法権利が宣言される。〈宣言〉は規制文を正当化する。言い換えれば、専門家によってなされた有益な区別をふたたび持ち出すならば[17]、〈宣言〉はそれに連なる法律集成において、諸規制文を規範へと仕立てる。規制文は「xにとってxを成就することは義務である」と言表される。他方、規範は「これは「xにとってxを成就することは義務である」とyによって制定される規範である」と言表される。規範とは規制文を外示する記述的言表であり、メタ言語に属しているということを私たちは知っている。規範の宣言において、規制文が前提する同一性の名づけが見いだされるのであるとすれば、この宣言はメタ言語の固有性を与えることになる。とくに、規制的言表はそれを経ることで、規範の言表が指向するものとなる。規制的言表はそこでみずからの義務的効用を喪失する。義務的効用は、規範的言表に固有の語用論的効用に変容するのだ。それはメタ言語的、命題論的効用としての効用である。したがって〈宣言〉にとって重要なのは、この言語的位階で働くものに応じて正当であることではなく、真であることなのだ。

しかし、法の〈宣言〉に期待されうる真とは、科学的言表に要求される真ではない。後者において指向されるのは、すべての言表者が等しく与えうる現象または諸現象の総体である。指向されるのが規制する法であるとき、いましがた述べられた条件は意味をもたない。法の〈宣言〉が真でありうるとすれば、既存の事実と対応していることによってではない。では、いかにして真でありうるのか。

ここでこそ、自己断定的（sui-assertive）言表文とその思弁的語用論が働くのである。規制的言表

（17）Georges Kalinowski, *loc. cit.*

を正当化するよう定められた宣言的言表の真とは、自律の観点からは、思弁的真理であり、措定的真理ではない。私たちがこの思弁的という語で意味するのは(18)、その論理の主語《スュジェ》が言表の主体《スュジェ》であるような言表である。

例を挙げよう。一七八九年八月のフランス憲法制定議会によって可決された「人間および市民の権利宣言」の条項は外示的言表である。すなわち「人間は生まれつき自由かつ平等であり、そうであり続ける」、あるいは「すべての主権的原理は本質的に国民に存する」といったようにである。これらの条項はメタ言語的言表でもある。なぜならそれらは、それらの後に続く規制文が以降は規範となり、法と名づけられることをも正当化する機能を有しているからだ。

しかし、これらの条項が真であると認められるのはいかにしてか。条項を構成する言表は演繹可能なものではない。というのもそれら自身が、あらゆる法的演繹の前提であるからだ。それらは原理である。だが、このことは明白なのだろうか。こう考えることによって生じる困難はご存じのとおりだ。それらは臆見《オピニオン》であり、推論《ディアレクティク》の実行が命じるように、反対意見を対置することができるのだろうか。

条項を構成する言表はあらゆる特性の付与を逃れ、(アリストテレス的な語義での)推論《ディアレクティク》にも実証科学にも属していない。私たちによれば、それらは思弁的なのだ。その証拠に、それらの前には前文が置かれ、そこで条項を言表することになる主体はみずからを名づける。「国民議会において構成される、フランス人民の代表者[…]」と。そしてそこでは、この主体こそが間違いなく当該条項の言表の主体であると、彼がみずから宣言する。「議会は後に述べられる人間および市民の諸権利を承認し、宣言する」。

ここには名づけられた同一性、すなわち国民議会がある。しかしこの同一性は、諸権利を言表する主体、つまり後に続く規制文を規範として制定する主体の同一性にすぎない。それは、外示的（あるいは私たちが選んだ語義での、規範的）言表の言表行為の主体の同一性である。この主体は、彼が後に言表することになる規制文はあらかじめ規範として制定されているのであるから、立法者とも呼ばれる。

したがって立法者は、正当化の主体である。そして自律の原理はまさしくここで、「誰が正当化の主体を正当化するか」、「立法者はいかにして正当化されるか」なる問いを閉じることになる。というのも自律の原理は私たちの知っている方法でそれに答えているからである。たとえばすでに引いた第三項においては「すべての主権的原理は本質的に国民に存する」と答えている。

こうして、規範的言表の思弁的特徴は明らかであると思われる。「すべての主権的原理を含む国民」という条項の言表の主体である国民は、「国民（議会）は前述の言表を認め、宣言する」という〈前文〉の言表の主体でもある。条項の実体は真を述べる主体であり、条項が真であると宣言

（18）Cf. Vincent Descombes, *L'Inconscient malgré lui*, Paris, 1977.

する主体がそのように宣言できるのは、条項の実体が彼の宣言する能力を打ち立てるものであるからだ。分析を単純化すれば、この思弁的状況は「国民は国民が宣言しうると宣言する」という言表によって表現することができるように思われる。

ただし、自律の原理が正当性の問いを締めくくることになると予告することで私たちが示したかったことなのだが、〔前文と条項という〕二つの宣言のあいだには重要な差異、つまり外示的なものと規範的なものを分ける差異が存している。というのも、既述の言表を発展させるとすれば、次のようになるだろう。「……(ここには適切に述べられたしかじかの規制文が入る)は正当であると国民が宣言しうることは真であると国民は宣言する」。あるいはもっと単純に「国民は(ここには続きが入る)を規制する権利をもつということが真であると国民は宣言する」。〈前文〉の宣言は外示的であり、条項における言表を宣言する力は規範的である。

このように、宣言する主体であり、かつ宣言される実体でもある(宣言する権利をもつと宣言される)「国民」の名の下で、私たちはトートロジーに関わっていると考えられる。さて、近代論理学の意味において、トートロジーは真である。だとすれば、国民は真であることになる。しかしまず、ここにトートロジーがあるとしても、うまく形成されていない。このトートロジーは、かの言表の主体とそれを排他的に定義する属性とを、同一言表のなかに統合していないのである。まったく反対に、それはかの言表の主体(私たちはこれを実体と名づけた)とこの言表を言表する主体とを、同一言表のなかに統合している。外示的論理において、このように構成された言表はうまく形成されていないがゆえに拒まれるべきである。否定形式にしてみれば、それは「私は話している最中ではない」のような有名なナンセンス文である。「国民」を主体とする両言表が意味のある命題を形成するとすれば、それはたとえばヘーゲルのような思弁的論理においてのみである。というのもこの論理のみが、思弁的言表を正しいと認め、言表行為の主体を言表に差し込むこと（ここに多くの古代ギリシア人は偽推論を見たのだが）から演繹的な動力を得ることを原理とするからである。

しかし次に、このような〔思弁的〕論理においてさえ、実体と主体としての「国民」はなおも受け入れがたい。というのも、「国民」は言語の一つの同じ位階において、実体と主体であるわけではないからだ。国民が主権者であると述べる、外示的言表である条項の言表において、国民は実体すなわち言表の主体である。しかし言表行為の主体という意味では、国民は二重に主体である。前文において国民は、いまだ外示的である条項の言表者を意味する主体である。しかし条項において国民は、後続することになる法規の正当化された主体であり、正当化する主体であり、規制文を規範として制定する主体であるとも宣言される。したがって主体として、国民はたんに「これは……である」と述べるのみならず、「これは……であるべきだ（そしてこれは規範である）」とも述べる。さて、ヘーゲルをはじめとする思弁的論理において「あなたは為すべし」の位置づけは存在しない。ヘーゲルが述べるには、実践理性（私たちの論じる場合では、実践的な国民）は、カントによって見せかけの独立を与えられてはいるが、端的に理性の一般的な働きの一契機である。ヘーゲルの倫理は存在しないし、彼の政治は原理的に規制文を必要としない。このような排除は思弁的論理に適合している。それは理論上、知りうるあらゆる言表（現実）に関する言表的審級のメタ言語（哲学）である。したがって思弁的論理において、規制的なものはそれ自身の写像、すなわち語用論的に中性化された写像としてしか、けっして考えられることがない。

反対に、規制的なものの特筆すべき固有性、すなわち他性を尊重したいのであれば、言表行為の主体をそこに求めるのをやめるべきだ。これはカントが明白に示したことである。つまり、道徳は演繹できない。規制的なものに対しては、主体として〈意志〉を前提することができるにすぎない。しかし私たちはこの意志について、規制文の主体に関するメタ言語について、何も言うことができない。超越論的に言えば、私たちの法則の経験とは、それによって把捉されることにしかない。カントがこの法則に適合する言表を定めるに至ったとき、彼はおそらくメタ言語の禁止に対して、そう見えるよりは忠実ではなかった。しかし彼は少なくとも「あなたは為すべき」が述べることと、「私は考える」が述べることとの混同を避けようとする。エマニュエル・レヴィナスはさらに力強く、二つの語用論的領域の錯綜の解明を再開する。ただし、この道を辿るのであれば、〈私たち〉の、とくに国民の〈私たち〉の同一性を、〈私たち〉の名による祈りに至るまで、放棄しなければならないのである。

7

要約すれば、「空は青い」のような外示的言表についての語用論的同意は、対話相手がこの言表を同様に繰り返すことによって示される。送り手が「私はあなたに空が青いと述べる」と宣言すれば、受け手は「私はあなたに空が青いと述べる」と宣言することで同意を示すであろう。サールとハーバーマスが述べるように、[19] これらの「事実確認的な」言表行為において、パートナーの名は完璧に交換可能である。というのも、yがxの代わりに発言するときにも、〈私〉と〈あなた〉は交換されてはいけないからである。

「ドアを閉めよ」のような義務的言表が喚起しうる語用論的同意に関しては、事情は変わってくる。その受け手が受けた命令に同意を示すことを望むならば、命令を同様に繰り返すべきではない。命令者はサールとハーバーマスが「統制的なもの」と呼ぶものを用いていることを認めよう。「私はドアを閉めるようあなたに言う」に対し、命令の受け手が「私はドアを閉めるようあなたに言う」と繰り返すならば、反対と非同意を示すことになろう。同意を表現するためには、人称代名詞を入れ替えて「あなたは私にドアを閉めるよう言う」とする必要がある。このことから確か

---

(19) Cf. Jacques Poulain, « Vers une pragmatique nucléaire de la communication », 1977.

められるのは、パートナーの名（x, y）は義務的状況の審級（De, Da）については交換できないということである。

空の青さは、フランス人民の代表者が述べるように、「承認と宣言」を生じさせる。なぜなら、それは真理を争点とする命題的言説が指向するものであり、共同の言表者としての、同一性としての〈私たち〉を許容し喚起するからである。しかし「ドアを閉めよ」はこの共同の承認と宣言を許容しない。空は青いと宣言する同一的な〈私たち〉は、一方が他方にドアを閉めるよう述べるときに、互いに対する他性のなかへ分裂する。自律性の観念はこの分裂を癒すことになり、義務的な〈私たち〉を構成する。しかしそれは、規制文を述べる規範的な〈私たち〉を生じさせるのみである。規制的状況、あるいはこちらの表現をお好みなら、義務的状況においては、〈私たち〉は〈私〉と他者に解体される。「あなたは為すべし」は「私たちは知っている」とは通約不可能なのだ。

私たちは、自律的なものと前提される〈私たち〉が「国民」の名を有する場合を例に挙げた。私たちのアプローチの方法は、社会学的または歴史的分析ではなく言語分析によって進めることにあるのだから、語用論的に同じ条件にある他の〈私たち〉に与えられるのであれば、本論の結論はたとえば「プロレタリアート」「人民」「庶民」といった他の名でも通用すると考えることにもなろう。しかし反対に、この批判的分析は、名をもたずに規制する他性が認められるような語用論的状況を精査する場合には意味を為さない。すなわち、レヴィナスならば他性の超越と呼ぶであろうもののなかで、つまりユダヤ的思考の場合、あるいは人類学者ならば他性の伝統と呼ぶであろうもののなかで、つまり野生の思考の場合である。これらの場合はまさしく、自律性を気にかけていないのである。

他者の諸権利

「一人の人間でしかない人間はまさしく、他者たちが彼を同類として扱いうる性質を失っているように思われる」。ハンナ・アーレントは『全体主義の起源』（一九五一）の第二部を為す「帝国主義」の研究においてこのように書きながら、人権の根本的な条件を規定する。すなわち人間は、一人の人間ではない人間である場合にのみ人権を有する。そして人間は、彼が他なる人間でもある場合にのみ一人の人間とは異なる人間である。かくして「他者たち」は彼を同類として扱うことができる。人間たちが同類となるのは、各人が自己のうちに他者の形象を有しているということによってである。彼らが共有する類似性は、個別的には類似していないことに由来する。

あなたは自分の同類を殺してはならない。彼を殺すとき、あなたはホモ・サピエンス種の動物を殺すのではなく、彼のなかに潜在性あるいは約束として存在する人間の共同性を殺すのである。そしてあなたは自分のなかの共同性をも殺している。異邦人を排除するとき、あなたはこの共同性を排除し、共同性からみずからを排除しているのである。

私のなかの他者というこの形象、私が人間として扱われる権利の根本であるこの形象は何か。以降の省察はこの問いに捧げられる。

ハンナ・アーレントが書いているように、「一人の人間以外の何者でもないもの」とは、ホモ・サピエンス種の個体にほかならないものである。地上を舞台に演じられた生をめぐる闘争において、他者たちに勝利したのだから、この種族はとても強力である。そしてこの種は――たとえば健康管理、衛生設備、環境保護によって――他者たちに勝利を収め続けている。各々の人間はこの種の標本である。チンパンジーが別のチンパンジーに似ているように、各人は自分の種のあらゆる他者に似ている。

他なるサルの形象は、各々のサルのなかに存在するのか。サルはそれぞれを相互に認識し、他種の動物と区別する能力をもつ。彼らは、五感と運動性に属する知覚神経の信号体系によって、互いに意思疎通することができる。この体系はある種の言語を形成し、この言語はサルたちに共同性を保証している。この共同性において彼らは、感情（アリストテレスのいう感情《パテーマタ》）と、採るべき行動に関する警告とをやり取りし合っている。

人類はこの信号的言語を完全に失ってはいない。しかし、人類においてこの言語が占める位置は非常にわずかなものである。動物が意思疎通する能力は、種が共有する遺伝的なリソースに備わっている。それは本能的秩序である。人間は本能をほとんど持ち合わせていない。彼らの近縁の動物と比較しても、幼い人間は同類たちの言語を体得するために多くの時間を使う。この言語は種が共有するものではない。それは身体的信号によってではなく、記号によって働く。恣意的だが統語法に固定されたこの記号によって、実在するか否か、外在的か内在的かに関わらず、いかなる対象であっても指向対象として指し示すことができ、そしてこの対象に関する何かを意味することができる。結局のところ、私たちの本稿での関心事であるこの意味作用は、差し向けられているのである。

今日では語用論と呼ぶ、この人間的言語の機能は、明らかに他者の形象の形成を要請する。明示的か否かを問わず、あらゆる人間の文は誰かまたは何かに向けられている。それは広い意味での応答、帰結を予期している。この二極化は、私たちの言語において動詞の「人称」と人称代名詞によって示される。〈私〉とはたったいま話しているこの者（彼もしくは彼女）であるのに対し、〈あなた〉とはこの発話《パロール》が現在差し向けられている者である。〈あなた〉は〈私〉が話すあいだ沈黙しているが、〈あなた〉は話しうるし、かつて話していたし、今後話すであろう。

同質と形容すべき動物の意思疎通と異なり、対話は同時に類似的かつ異質な関係を話者のうちに導き入れる。〈私〉と〈あなた〉という審級は交じり合うことができない。なぜなら、一方が話すのは他方がいまだ話していないか、いまはもう話していない場合だからだ。指示詞としての〈私〉と〈あなた〉は、まさしく発話《パロール》の現在を指し示す〈いま〉と相関的である。過去と未来の時間性が展開するのは、〈いま〉を起点としてである。しかし話す能力に関しては、この現在に定義上限定されず、あらゆる可能な対話に及ぶのであるから、〈私〉と〈あなた〉は同類である。話す能力のある人々がかわるがわる〈私〉と〈あなた〉の審級を占めるのだ。彼らが〈私〉と言うとき、彼らは過去あるいは未来の〈あなた〉であり、彼らが〈あなた〉の立場であるとき、彼らはかつて〈私〉と言いながら話していたか、これから話すということである。

したがって対話が示しているのは、対話が不可能であり、かの貧しい手段に訴えるほかない場合を除けば、実際のところ人間が動物のように信号による共同性のうちに融合してしまうことができないということである。原理上、〈私たち〉人間は対話から帰結するのであり、それに先行することはない。この〈私たち〉において、他者が可能な各人の対話相手である限り、他者の形象は明確に各人にとって存在し続けている。それぞれの話者は議論と討議の後に合流しうるし、そして契約によって彼らの共同性を固定化しうる。これがギリシア的な政治的共同体《ポリテイア》であり、近代的共和制である。市民とは、他者たちへと話しかける権利が彼らによって承認された個人のことだ。

共和制の原理を民主制と区別しなければならない。人民《デモス》は契約による共同性ではなく、自然的《ナチュール》かつ文化的な共同性である。そこで諸個人は発言権のために承認されるのではなく、彼らの誕生《ネサンス》、言語、歴史的遺産によって承認されるのである。彼らが形作る中世的な意味での国家《ナシオン》は、構成要員の同質性によって特徴づけられる。共同性を生み出すのは対話ではなく、習俗と同じ資格での言語であり、言語は国家の成員間で承認の信号として働く。対話の言葉《パロール》を具えていながらも、人民《デモス》としての個人は、農奴であるにせよ自由市民であるにせよ、彼らがともに属している人類《ホーミネース》のヴァリエーションにおける他の標本に対して、感情と行為とを信号伝達するための言語を用いるのである。この言語への関係は市民《シヴィック》の対話において含意された他性を追放する。他者は異邦的であり続ける。他者が国民限定の諸権利に浴することはない。政治的共同体《ポリテイア》を作り出したギリシア人でさえ、異邦人《バルバロイ》に対しては政治的共同体を拒んだ。対話への権利はあらゆる人間に認められはしない。他者の形象は国家的共同性に外からのしかかる脅威の形象なのだ。それは共同性の統一性を侵害するのみである。

市民的なものと対比して人民的なものの本質を明らかにするために、極端に記述を単純化しよう。双方の差異は、他者の形象を変容させる対話を考慮に入れるかどうかにある。人民は他者を外部に置き、都市《シテ》は他者を内部化する。現代の人間の共同体において、これら二つの側面は様々な仕方で非常に頻繁に混同され続けている。それは、この共同体は国家的な部分をもちつつ、共和的な部分ももつからである。たとえばヨーロッパ的共同体という制度は、市民的原理を根拠とするよりほかないということには議論の余地がない。

共和制には普遍化の原理が存在するが、それは発話《パロール》が含みもつ他者に話しかけるという機能にある。もしある人が話せるのであれば、彼は可能的な話者である。彼が国家の言語と異なる言語を話す場合であっても、原理は揺るがない。ホモ・サピエンス種はつねに多数の言語を話してきたのだ。しかし、それらはすべて、私が手短に振り返った構造的特徴を満たす人間的言語である。

この特徴がありさえすれば、未知の人間的言語は原理上、既知の言語に翻訳可能である。私は翻訳の困難と謎にこだわるつもりはない。原理的な翻訳可能性がありさえすれば、自然的あるいは国家的な固有語を考慮することなく、あらゆる人間個体へと対話を拡張することが保証される。市民性《シヴィリテ》の普遍化は、権利上で約束されているがゆえに事実上も為すことができるのである。

いかにして市民性が、実際に国家ないし人民の共同体にまで広がって存在しうるかは深刻な問いである。歴史は政治的、経済的のみならず言語的に多様なあり方を示してくれる。唯一の強いられた言語、伝統的固有語を負った公的言語、強いられた多言語主義、事実上の多言語主義……。これは力の諸関係、軍事的、政治的、経済的、文化的関係に関わっている。これらの関係は対話が広がる仕方を規定しているが、この広がりを阻むことはできない。文の構造に内在的な差し向けの機能は、限界を知らない。川や樹に祈ることも、動物に命じることもできる。もし受け手が人間ならば、彼はすぐさま対話相手として包含され、彼の方も最初の話者へと話しかけることができる。

対話の能力はアプリオリに限界をもたない。人間的言語の再帰性と翻訳可能性に関連して、この能力はすべての対話する人間を、話す共同体へと包含する。この事実上の力から帰結するのが、今後は権利の効果と呼ぶものである。あらゆる人間が他の人間にとって話者となることが〈できる〉ならば、彼らはそうできなければならない。能力としての〈できる〉は「権利がある」としての〈できる〉へとスライドするのだ。私たちはたしかに能力が正当性を為さないということを知っている。しかし、対話が問題である場合、これらを同じものと見なすのは避けがたい。なぜなら、他人と対話に入る能力は各人に同等に共有されており、対話はそれ自身、発話《パロール》の相互性を含意するからである。この能力は対話の他性のみならず、パートナーとペアであることもまた尊重するのである。かくしてこの能力は、彼ら各々の自由と、発話《パロール》を前にした同等性とを約束する。そこには正義そのものの特徴が存在するのではないか。この事実から権利へのスライドは、民主制と共和制との混同が起こりがちであることについて考えさせる。しかし、いかにしてそれを避けるのか。

　他者へ話す能力が人間の権利であるとすれば、おそらくその権利は最も根本的であろう。ある種の不正義か原則に基づいて、たとえば過ちを罰するために、もしこの能力の使用が事実上禁じられた場合は、それが課された話者には損害が与えられる。彼は話者たちの共同体から離れたところに位置づけられる。彼はもはや誰にとっても他人ではなく、誰ももはや彼にとって他人ではない。沈黙を課すには多くの手段がある。アムネスティ・インターナショナルは誰よりもその手段を知っている。その仕事は穏当だが決定的だ。それは最小限のものである。アムネストス（*Amnestos*）とは忘れられた者を意味する。アムネスティは判決の再審も刑罰の宣告解除も求めないが、沈黙状態に置くよう宣告した制度がこの宣告を忘れること、被害者を話者の共同体へと戻すことのみをただ要求するのである。

　それは民主的共和制における公法の諸規定に適合した責務である。しかし私が主張したいのは、この合法性が言葉《パロール》を用いることのできる能力と、話すことを正当化する合法性の混同を内包しているということである。言い換えれば、厳密な意味での自然権は存在しない。それは、その名に値する権利の本質である。義務なき権利はない。対話する能力も同様である。自発的に体得されるというのは本当ではない。この能力は習得にあたってのケアを、まさに文明と呼ばれるものを必要とする。人間とはそれ自身、話す動物であるホモ〔・サピエンス種〕でしかない。彼の言語が、実際に対話の約束を含むように作られているというのは本当だ。しかし、この約束が含む他人の形象を抽出し尊重するためには、この約束のなかで他者の形象を認めないもの、その動物的性質から解放されなければならない。子どもたちは自発的に対話へ進むのではない。おそらく私たちのなかで、「話す」けれども対話法則というよりは信号によって「話す」何かが、〔対話へ進むことへと〕抵抗するのである。

しかし、ここでは〈あなた〉と共有された言語の習得として考えられている文明は、沈黙という契機を要求する。師が話し、生徒は聞くとアリストテレスは述べた。この契機において、〔生徒の〕〈私〉は禁じられており、それは師にとっての〈あなた〉の位置づけに割り当てられており、差し向けの関係の沈黙の極にある。沈黙のとは受動的であることを意味していない。教育の原則として相互行為性を称えることは、純粋なでまかせである。生徒は話す能力をもっているが、その権利はいずれ獲得されるものであり、この目的のためにいまは黙っておくべきなのだ。この対話の宙づり状態は沈黙を課すが、この沈黙は良きものである。この沈黙は話す権利を侵害するのではなく、その価値を教える。それは言葉《パロール》の卓越に対して必要な実践なのだ。学生のように、文筆家、芸術家、学者、初心者は彼らが他者たちへ述べるべきことを学ぶために引きさがっているべきなのである。

何という名であろうが師は、生徒たちの知らない何かを彼らに述べるために、彼らを言葉《パロール》の共有から追放する。師は生徒たちの理解しない言語内で彼らに話すことができる。師は他人、〈あなた〉の形象ではなく、その分離における〈他者〉の形象である。それは異邦人だ。異邦人といかに対話すればよいか。言語を習得しなければならないだろう。この問いは翻訳との類似性を有している。

文明としての学習に課された沈黙は、異邦化の働きという契機である。私の習慣と異なる仕方で話しうること、私の述べうるのとは異なることを述べうることが重要なのだ。師の他性を介して、別の方向の異邦性が沈黙のうちに課される。師は私に自分の知らないことを聞き、述べさせるために、私を人質にする。エマニュエル・レヴィナスはこのテーマを誰よりもうまく展開した。

この簡潔な分析から帰結するのは、対話の能力は、すでに言われたことと異なることを言いうる場合にのみ、発話《パロール》への権利へと変わるということだ。話す権利は〔新しいものを〕告示する義務を前提とする。もし何も告示しないならば、発話《パロール》は無駄な繰り返しであり、すでに獲得された意味作用のやりとりとなることが運命づけられている。人間の共同体は拡大しうるが、同一的なものであり続け、自分自身とうまく意思疎通していることの至福の現状確認のうちで衰弱したままである。それは今日においてメディアの主要な機能である。対話はそれ自身の目的ではない。対話は他人によって、〈他者〉が私が聞いても了解できないことを私に告示するときにのみ、正当なのである。

したがって、「発話《パロール》への権利」の三つのステータスを区別しなければならないことになる。一、人間言語に内在する事実的原理たる、対話の能力。二、了解させようと努めるものとは異なる何かを告示するということに起因する、発話《パロール》の合法化。最後に、三、市民に話しかけることの正当性を市民に対して承認する合法性、話すことの実証的な権利である。最後の側面は最初の二つを混同する。しかし、この混同は良きものである。ありうべき各話者が他の対話相手たちへ話しかけることの正当化において、共和制は対話相手たちが知らないことを彼らに告示する義務を各々に課している。共和制は告示を奨励し、訓練する。そして他方、共和制は、誰であっても恣意的に発話《パロール》が奪われる可能性を禁じている。それは恐怖政治をくじく。したがって、共和制は師弟関係の沈黙を正当化し、専制政治の沈黙を禁じることで、沈黙をできる限りよく支配している。

この共和的な図版は牧歌的であるが、その動機はそうではない。発話《パロール》を奪われる脅威は偶発的なものではなく、対話への権利につねにのしかかっている。だからこそ共和政は不可欠なのである。人間の話者はつねに「黙れ」を課されることを恐れている。彼は話者の共同体への所属が脆弱であることを嘆く。作家や修道士、学生の良き沈黙さえ、苦しみなしに受け取られることはない。あらゆる排除はそれを受ける者たちに損害を与える。しかしこの損害は、被害者が対話の共同体から除外されるとき、必然的に不当な被害へと変わる。不当な被害というのも、それは、被害者が話を聞いてもらえないために証言できないという損害だからである。したがって、これこそまさに他者たちへ話す権利を拒まれた人々たちのケースである。

共同体が制裁としてもっと称する、黙らせる権利はつねに危険である。死刑は、たとえ宣告された者が忌まわしい犯罪について有責であったとしても、明らかに彼に対して修復不能の不当な被害を引き起こす。しかし、ここでの私たちの主題に関して、死はかならずしも不当な被害ではない。ギリシア人の述べたごとく、市民たちがその後、長い間語り合う「美しい死」が存在する。話者が生きているよりも死んでいる場合の方が雄弁だということがある。この場合、彼は共同体において死ぬことはない。したがって、関係を逆転する必要がある。それは、話者の共同体の外へ話者を追放することを含意するからこそ、死を強いる不当な被害である。共同体はこの追放に対して何もリスクを負っていない。なぜなら、被害者には自己弁護し、嘆願するために用いるべき手段がないからである。

収容所での大量殺戮を逃れた者たちはこのことを知っている。共同体に帰った場合、彼らは死の機関がどんなものであったかを描写し物語ることができる。しかし、いかにして彼らは、自分たちが陥れられていたおぞましさを伝達することができるというのか。それは第一に意思疎通の切断であった。いかにして、対話という手段によって、もはや何にも誰にも言葉を差し向けることのできない恐怖がどんなものでありうるかを意味することができるというのか。彼らは話しかけられず、取り合ってもらえなかった。彼らは敵ではなかった。彼らを犬、豚、虫けらと呼ぶとき、SSや〔収容所監督者〕カポは彼らを動物ではなくごみとして扱った。ごみは燃やされることを運命づけられている。忘れられていることの証拠は、〔それさえ忘れられているがゆえに〕忘れられることができない。それはこの証拠が、対話への信仰の平穏さが窒息させ、押し殺す言語に対する、私たちの関係の真理を明示しているということだ。おぞましさとは、発話《パロール》が私たちに欠けているということだけではなく、言語が私たちに度を越して欠けているということである。私たちは永久に告示に負債を負い続ける。言語における他者、言語である他者は言うべきことを言ってはくれない。彼は黙っている。彼はそれでも予期しているのだろうか。話す共同体から追放された流刑者たちは、この人知れぬ惨状へと遺棄された。話すことの真なる尊厳はこの悲惨さにある。たしかに忘れられていることの証拠は、前提上それを知らない言葉《パロール》の共有のなかでは表現されえない。流刑者が支配者たちと彼ら自身の言説に存在するのは、〈私〉でも〈あなた〉でもなく、三人称で、排除されるべきものとしてのみである。〈他者〉にとってすべての話者が余計者であるごとく、彼は余計なのだ。しかしだからこそ、彼に対して責任があるのだ。

収容所で課されたおぞましさは、あらゆる話者にのしかかる追放の脅威を恐ろしい形で描き出す。学校の授業中に、他の生徒たちに「お前とは遊ばない」と言われる生徒はこの筆舌に尽くしがたい苦しみを知っている。彼は、自分の尺度では非人間的な犯罪に値する不当な被害に耐えている。発話《パロール》の告示する能力を行使するために、世を離れて暮らし、修徳を行う人々でさえ、このおぞましさを被るリスクに曝されている。たしかに彼らは、異邦的な師によく耳を傾けるためだけに、他人との交わりをみずからに禁じている。しかし、この〈他者〉への服従は、対話的共同体にとって異邦的な能力への依存であると疑われ、ある種の裏切りとして受け取られる。聖別されたものを意味するラテン語のサケル（*sacer*）は、このおぞましきものの両価性を示している。それは話す共同体の利害から追放されたごみであるか、あるいは〈他者〉が残した爪痕であり、尊い畏れに値する記号かもしれないのである。

エドマンド・バークは、彼の崇高の感情分析において、発話《パロール》の共有の剝奪に脅かされる精神が負う感情を恐怖と名づけた。対話の能力を超えうる力は、夜と似ている。この力は、私たちが対話によって飼いならそうとしても、〈あなた〉の形象をもたない。善でも悪でもありうる。聞こえるが、了解されることがない。それは〈神〉でもありうるし、〈動物〉や〈悪魔〉でもありうる。私たちは、対話の共同体へそれを告示するために、彼の声を翻訳することを沈黙のうちに強いられる。こうして私たちは、自分たちと〈他者〉との関係を弁証法として考えようとする。しかし、彼の異邦性はあらゆる全体化を逃れるように思われる。翻訳の努力はつねに更新されねばならない。私たちがおぞましいものや聖別されたものを諸々の透明な意味作用へと還元したと信じるときにこそ、それは最も不透明なものとなり、偶発事として私たちのところへ外から回帰する。現代社会が苦しむ悪、ポストモダン的悪とは、この〈他者〉の締め出しである。この悪は、近代の共和制の誕生に際して影響する悪の裏面、勝ち誇った同一化の悪である。サン＝ジュストが〈他者〉の名の下に法を制定することで、最初の全体主義的恐怖による統治を行ったように。

弁証法の思想家やジャコバン派、意思決定者よりも賢明なフロイトは、おぞましさのなかに対話に対する人間の関係の構成的な状況を認めた。子どもである私たちは、この共同体の周縁に置かれ、追放を宣告された者である。この幼年期《インファンティア》という状況は、まだ話せない、という未完成な人間の状況である。ひとは彼に話しかけ、彼のことを話すが、彼は、対話の共同体に入り込んでいたとしても、対話相手ではない。彼に関わる文は、彼の身勝手と本能の乏しさのせいで、彼にとってはうまく解読できない信号や身振りでしかない。彼はそれによって影響を受けるが、この情動を分節化するための言語をもたない。情動は彼のなかに無意識的な仕方で、つねに現存する忘却として留まる。これらの情動が送り手としての〈私〉と受け手としての〈あなた〉という審級に関連した時制のなかへ入ることはない。一見それらは、動因を欠いた仕方で、個人の歴史の流れに現れる。それらは対話を阻害する。それらとともにあることこそが成人の交わりへと領域侵犯する、幼年期という避けがたき過ちでありおぞましさである。

秘められた苦悩が私たちの生まれもった未成熟に起因する。私たちはあらゆる事象について問う能力を、この苦悩に負っている。しかし私たちはまた、話す共同体へと迎え入れられることへの欲求、そこへ入ることの正当化の要求をもそれに負っているのである。〈私〉から〈あなた〉への対話関係において、ある正当化のドラマが演じられる。他人へ向かう疑問文または平叙文は、「私を打ち棄てられた状態から解放してください」「私をあなたのものとしてください」という祈りをつねに裏面に伴っている。この要求は限りなく多様なあり方に現れる。友情、嫌悪、愛情、そして無関心さえもがそうである。しかし、この要求において発話《パロール》への権利の根本が見いだされる。というのも、この権利は、私の要求が了解され、幼年期のおぞましさにおいて私が拒まれないことを私に保証するからだ。

律法は「あなたは、私を殺してはならない」と述べる。それは、「あなたは他人に対して対話相手という立場を拒んではならない」という意味である。しかし、おぞましき犯罪を禁止することで、律法は慢性的な脅威あるいは誘惑を呼び起こす。対話は、〔律法ではなく〕あなたの発話《パロール》と私の発話《パロール》における〈他者〉の尊重からしか正当化されないのである。

刃の乱れ――〈隠喩〉を称えて

「というのもホレイシオよ、私はレアティーズに対して我を忘れたのがとても口惜しいのだ」。私は我を忘れた（*I forgot myself*）。本稿ではこの忘却を取り上げよう。彼ら〔ハムレットとレアティーズ〕は、オフィーリアの亡骸が横たわる墓穴において、互いにつかみ合った（*grappling with*）。ハムレットはオフィーリアの兄〔レアティーズ〕の苦しみを羨んでいるそぶりを見せる。そして彼はレアティーズの哀悼歌を批判する。「おまえはちゃんと祈っていない」。そこでレアティーズはハムレットののどにつかみかかる。ハムレットはあえぎながら言う。指をどけて手を引っ込めろ、「私はたしかに嘆いたり激したりしないが、自分のなかに危険なものを抱いている。おまえはそれを恐れた方が賢明だ」。この恐るべきものが何かは知らない、と王子は告白し、それについて責任はもてないという。彼は論証する。誰が父を刺し殺し、妹を狂気に陥れたうえでレアティーズを侮辱するというのか。ハムレットか。そんなはずはない！　ハムレットは彼自身から離れて（*taken away*）

他所へいたのだと宣言し、レアティーズを侮辱したことを否定する（*deny*）。ハムレットの狂気のみが問題であり、彼のなかのこの狂気がレアティーズを侮辱したのだ。ここに混乱が存する——彼自身によれば、ハムレットは「侮辱された側」に位置づけられるべきであり、レアティーズのいる原告側となる。王子はよりよく形成を逆転するために、愚者から雄弁な詭弁家《ソフィスト》となり、自分の名を繰り返し述べる。レアティーズに与えられた不当な被害は消え去ってしまう！　それは「何かが」、秘密の何かが彼に課す過ちでしかないと考えるべきだ。「私は自分のなかにすべてを明らかにする何かをもっている」。

父を殺され、妹を狂気に陥れられたレアティーズの苦しみはそれでも償いを求め、王子の痛みよりも深く現れ、真摯さを望む。どちらの不幸がより大きいかという争いに決着をつけるために、ふたたび武器を取ろう。二人の命は最後には完全に奪い去られ、したがって係争の決着は無期限に延期される。二人の刃はともに剣戟を制し、最後の攻撃には互いに刺し違えることになる。同じく安全装置が外され毒を盛られた剣《フルーレ》は、互いに原告たちを永遠に葬り去る。ハムレットの議論は正当なものだったのだろうか。二人の息子たちは互いに亡き父の法を順守している。彼らは死において父に合流する。悲劇的な結末であり、古典的な運命である。運命はつねに命の償いを獲得する。死は運命の定義なのだ。

運命の一致、二人の息子たちの対称性を、ハムレットはホレイシオへ託した。彼は付け加えて言う。「レアティーズに対して我を忘れたのが悲しい」のは、「私の立場を鏡に映せば、彼の肖像が見える」からである。私の嘆きは彼のものだ。私が彼の言い分を無視すれば、私は私の言い分を見誤る。愛の同一化、情動の転移である。王子は論じる。さらにとりわけ鏡の像において、レアティーズの同じ苦しみと非難のなかに、彼自身の苦しみを見て取る。刃の乱れは情動が移ったことの証拠を為す。それはさらに、彼らの情動の通貨が完全な互換性をもつことの証拠である。

ホレイシオ、そして私たちは王子の打ち明け話を信じるべきだろうか。レアティーズの肖像とハムレットの鏡像とが互いに一致するとしたら、父の喪失と女性の発狂とは、レアティーズに与えたような比較を絶する無差別の暴力をもって、ハムレットを襲ったに違いない。〔レアティーズとオフィーリアの父〕ポローニアスの息子は、王子の肖像を眼差していたのか。すべてを失ったことによる恐怖が彼を苛み、復讐に燃えているあいだ、彼は他方の喪失を気にかけていただろうか。正反対だ。レアティーズは激怒のあまりハムレットの鏡像を無視し、あらゆる思慮を忘れてしまったがゆえに、赦しを王子に与えるのとは裏腹に、権謀にかけてハムレットを完全に死に至らしめるために、不忠の王の奸計をあえて利用した。偶然の決闘の剣戟は、真の殺人を覆い隠すのに役立つだろう——死刑判決は毒によって執行されることになる。ここにこそ合意があり、若者と権力のある悪党とを一致させるものがある。この姑息な手段を遂行するために、誠実な少年は苦しみと怒りによって狂っていたに違いないのではないか。このときばかりは、毒に侵されたハムレットはそのことまで考えられなかっただろうし、考えていないだろう。薬が効いてくるのを知ったとき、彼は叫ぶ。謀反だ。彼は回復せず、毒によって死ぬが、毒がふたたびまわるその過程は彼には関係なく不正であった。

したがって結局のところ、少なくとも部分的に同じであったとしても、両者はまったく同類ではない。一方の苦しみを当てはめた場合、他方にとっては座りが悪くなる。ハムレットは転移の相互性について見誤ったのだろうか。彼を盲目にしたのは、レアティーズの本当の不幸への嫉妬なのだろうか。彼はたびたび、とりわけ信じやすいホレイシオに託した打ち明け話のなかで、そう推測する。しかし本当は、彼はうそを言い、彼が装う狂気の本性について周りの人間をだましている。レアティーズの肖像には、王子が自分を映した鏡像には欠けている何かがある。それは、内的視点をもたずに狂気を引き起こした深い悲しみである。そしてハムレットがレアティーズに述べた、ハムレットのなかの何か、つまり恐れるのが賢明であろう危険な何かとは、私たちの解するところでは、この感情の欠落にほかならないのである。

彼の父である王は復讐を望んでいる。それは名誉の掟であり、彼は、復讐を遂げれば人々のあいだで名声を維持することになる。しかしこの命令が息子に、彼の視覚と聴覚とに関わってくるのは、外的で遠いところから、存在と非存在のあわいで、実在が不確かで、現われ方が曖昧で薄弱なものとしてでしかない。幽霊は主張しなければならない。しかしそれはあまりに霊的であり、彼の掟は息子の心にまでは届かない。この心は掟ではない何かに取りつかれ、何かの虜になり、何かに息がつまっていたということだ。ハムレットはこの現れを「何か」と名づける。父の命令よりもずっと彼の思考に内在的なこの何かは、実際に息子に憑依する。この危険な何かは明瞭に話すことなく、おそらく何も言わず、すべての解決策を崩壊させる。その沈黙はハムレットの気を散らして迷わせ、最短時間で犯罪の報復を成し遂げるのを怠るように突き動かすのである。

この足踏みがもたらしたものとは、王子のいわば欠けた行為にも、つまり王子が自分で有責であるとした、偽装の勘違いにも認められる。しかしまずは、錯乱した行為を遂行する際の冷酷さに認められる。クローディアスの代わりにカーテンを通してポローニアスを突き貫くこと、女王を買収しないでオフィーリアに膝枕をさせること、不適切な場面で、ポローニアス一家の面前でオイディプス王を演じること――こうしたことはたしかに重要な動きをなしている。しかしそれはまったくたくらみ通りであるから、間違いではない。ハムレットはこのことを隠そうとはしないが、隠そうとしていないことそのものは隠そうと望む。彼は自分の母に助言する。認めてください、王が、あなたが同衾しているあの太った男が「あなたを誘導して、私がじつは（*essentially*）発狂しておらず、本当のところは狂っておらず、たくらみによって狂っているのだと、彼に白状させようとしたでしょう。あなたがそれを彼に知らせてしまっても悪いことではなかったのです」。たくらみによって（*by craft*）、小細工によって狂っていることを。だからそれが私の実情だと言っておしまいなさい。

ハムレットの悪とレアティーズの絶望のあいだに、「かのような」というわずかな職人仕事が入り込んでいる。王子はたしかに狂っているが、悲嘆と激怒によってではない。それとは反対の狂気によって狂っていたのだ。あなたは舞台で演じられたオレステスであることを望むのですか。だとしたら、あなたの心を平然と保ち、興奮を冷静に取り繕いなさい。そうすればみんな信じるでしょう。しかし、ずっと緊張を保ち続けようとするのは狂っているのではないか、よりうまく感情的であるように見せるために無感動であることは化け物じみたことではないか。問題なのは、いわば職業的な狂気を要請する俳優のパラドックスについてであり、デンマークの王子はその道に精通している。彼の狂気がエルシノアについての不安を掻き立てたとしても、ハムレットはまったく平然としていなければならない。俳優を、その役柄が犯した罪について責め立てるか。彼が平然としているのは、演劇的技法の原則によるものだ。しかしこの原則が十分な効果を発揮するのは、不屈の無感情《アパテイア》と空虚な忍耐の助けを借りることによってのみである。この忍耐は彼の心の本質にあったのだが、幽霊の声はいまや、この忍耐に我慢ならない。二、三人の無実の人を除けば、城内の人々が恐れるのは何か。それは王子の復讐ではなく、この復讐を彼が演じることなのだ。演劇性ではなく、彼のなかの演劇的なものが期限切れで燃え尽きてしまうことなのだ。この保留状態が不安を投げかけるのである。

城内の人々もそれを知っているのであるから、演劇的情動もやはり狂気である。それはあらゆる役柄を演じる能力に対して白紙委任状を与える白い狂気であり、青白いカメレオンの不安な技術《テクネー》である。当時の大きな転換期におけるあらゆる王子たち──マキァヴェッリを筆頭に、シェイクスピア、その後にはモンテーニュ──は、中性的なもの《ヌートル》が内蔵する形而上学的な力に、英雄の徳《ウィルトゥ》を発見または再発見する。何でもないが、すべてでありうる、すべてを獲得しうるもの、それは言葉である。「言葉《パロール》のほかに剣はない」のように、ハムレットの復讐が期待していたのは、打ちのめす言葉である。見世物《スペクタクル》においてそうであるように、言葉は万人に投げかけられるがゆえに、言葉が不意に向けられた者たちに対してジグザグに到達するがゆえに、なお打ちのめすものである。

短剣の一撃によって犯罪を報復することさえ、証拠にはあたらない。犯罪者の盲目さえ彼には関係がない。香料のように復讐者の鼻孔をくすぐるもの、復讐者が最後に食べるのを好む料理〔＝復讐者が周到に準備した事態〕とは、即興の混乱であり、罪を逃れる挙措である。何にもまして、この動揺が犯罪者を鮮明に指し示すことになる。権力者の情動と卑劣な統治者の近親相姦の欲望を暴くために、巧みにセリフを舞台に配置し、模擬行為を信じさせること、これこそがデンマーク王子の先延ばしの病が彼に助言したことなのだ。言葉を無駄に繰り返す無力症によって仕組まれたこの「かのように」は、あらゆる能動的な計画よりもうまく真理を告げるのである。

「ねずみ捕り」――これが作品のタイトルだ――を通りがかった俳優たちに場内で上演させよう、その効果はてきめんだ。耳へ毒を注ぐシーンになると、オフィーリアが注意を向ける、「王が席をお立ちになります」。「なんだって」。満足したハムレットは冗談を言う。「火のないところに少し煙が立ったようだが、はて彼は何を怖がっているのかな」。さらに疑り深いねずみ捕りによる罠がここにもある。なぜなら、ポローニアスのシーンで王子によって示された殺人の筋立ては現実的に思われるからだ。父殺し、女性による死への誘い。王位を簒奪し、兄弟を殺し、近親相姦を行う叔父と、操を捨てた母は、目の前で自分たちに当てはまる記号を見てみずからの犯罪を認め、恐怖を露呈してしまわないでいられれようか。

デンマーク人の狂気をもって、シェイクスピアは演劇的隠喩から言葉を解放する。ハムレットは時間を無駄にしたのだろうか。いや、むしろ彼にとって、父の名誉を回復するための切迫した状況から遠ざかっているこの時間ほど貴重なものはない。彼の立場で、復讐の継続をみずからすすんで遅らせるような何かは存在しえない。演劇的作品は、親子関係をめぐるテンポに逆らう小休止のなかに、好機と安らぎ、特徴を見出す。帰結を遅らせる錯乱状態に置かれてこそ、復讐は強力になる。結果として、シェイクスピアとハムレットが期待していた上演の効能とは、英雄の冒瀆的な不品行の恐怖を転移によって心に注入することによって、心から悲劇を絞り出してしまうことにあったのではない。ここで演出上の要点となっているのは、アリストテレスが考えたような魂の解放、カタルシスではない。本作の演出においては、治癒する知恵が問題なのではない。劇作家が偉大で優れているのは、ひどい現実を前に無力であることによって、彼が狂ってしまうからである。彼はその現実を毒から逃れさせることなく復讐を遂げる。経験よりもっと本物らしいうそ、もっとリアルな虚構によって、悪や見かけ上のうそと戦うのである。

しかしながら、演劇的技法が開いたカギ括弧を、現実の分泌する毒はふたたび閉じてしまう。つまり、ハムレットは死ななければならない。すべては上演開始を待っている。上演されることで悪を祓う奇妙なあらすじが煽り立てられるべく待っている。こうした技法を養うことに対して、無感動で無慈悲な天才たちの数はけっして多くはない。欲望によって現実への復讐を果たすことを寓話に求める、偏執的で頑固な天才たち。

締めくくるにあたって、ある言葉について一言だけ述べよう。剣を交わす前に、ハムレットは対戦相手にこう述べる。「私がフォイルになろう、レアティーズ（*I'll be your foil, Laertes*）」。ジッドは次のように訳している。「私が引き立て役となろう、レアティーズ」。剣士は謙遜したふりをしているのだろうか。この語はフォイル（*foil*）であり、剣《フルーレ》を指す。したがって、王子が〔本来〕レアティーズに述べるのはこうだ。「私があなたの剣《フルーレ》となろう」。ここに刃もしくは切っ先の混乱が告白されている……偽りの自供だ。じつのところ、第一に混乱が起きているのは、語の本質において、語の多義性においてであると思われる。フォイルとは、輝きを増すために宝石を取付ける、光る金属の薄板をも意味しうる。その場合、レアティーズは宝石であり、王子の金細工は彼を「引き立て」、言ってみれば、きらめきを倍にする。鏡の裏側に貼りつけて姿を映し、光を反射させる箔の薄い切片もまた、フォイルと呼ばれる。引き立てること、さらなる輝きを作り出すこと、これがフォイルする（*to foil*）ということだ。こうした金属箔の技法において、作り物が獲得するきらめきにおいて、デンマーク王子の繊細な憂鬱さは秀でている。しかしさらに、この英単語は周知のとおり、獣が通り道の上を何度も行き来することでそれを消してしまう隠蔽工作、迂回をも意味しうる。その場合は、フォイルするとは裏をかくことである。ハムレットによる話の脱線、シエイクスピアの見世物《スペクタクル》、〔ダニエル・〕メスギッシュの諸演出は、彼らの死を熱望する裏切者たちの群れを追い払うことができる。しばらくのあいだ、上演時間外の時間、隠喩の括弧のなかで。

〈他者〉の厚み

ジェラール・スフェズ

――［…］私たちは、自分たちと〈他者〉との関係を弁証法として考えようとする。しかし、彼の異質性はあらゆる全体化を逃れるように思われる。(1)

本書に集められたテクストは多様な視点から、他性の厚みの認識についてのリオタールによる省察を示している。本書に集められたテクストは、彼の様々な発見と彼の思想の概要とに迫りながら、作動中の思考を認める。統一的に把握しようとしつつも、同時にそれらを弁別する明敏な感覚を解きがたく混じえた言葉《ディール》の角度をたえず変容させることを、この思考は求めている。とい

（1）J.-F. Lyotard, « Les droits de l'Autre », *supra*, p. 126.〔本書、一七一頁〕

うよりは、むしろこの思考がそうであることがわかる。本書でのリオタールのレヴィナスに関する省察は、諸問題を明示するにあたって一貫しており、決定的である。

カントとレヴィナス――アプローチの近縁性

「レヴィナスの論理」において、リオタールは二つの言語に依拠する。つまり第一に、言語とメタ言語の関係を定式化する仕事――フォン・ウリクト、アルチョウロン、そしてカリノフスキーの仕事――を導く、論理学的言語。そして第二に、ヤコブソンのとても単純な四分類を引くならば、あらゆる言表にとって枢要な点――すなわち、送り手（言表を差し向ける者）／受け手（言表が差し向けられる者）／指向対象（それによって話すもの）／意味（述べられること）――を定義する、言語学者の言語である。論理学的な定式化と言語学的な位置測定は、次元を重なり合わせる混乱を一掃すること、そしてそれによって言表が他者へと連続的に移行していると誤って素知らぬふりで主張し、言説的秩序の多様性を秘密裏に中性の夜に沈めてしまうのを暴くことを目的としている。

リオタールはここで記述的領域から規制的領域を区別する特徴を特定している。「「命令」の妥当性の基準――それは「命令」の正義の基準である――を、真理の演算子によるあらゆる正当化から救い出さねばならない」[2]。リオタールは、カントとレヴィナスが規制性を区別する仕方のあいだに存する類似性を明らかにする。しかし、カントが実践理性の諸原理を純粋理性の諸原理から独立させるために行う配慮は、レヴィナスの規制文の特性を護ろうとする関心とは対置されねばならない。

まずリオタールはカントが行った、認知的なものから規制的なものを解き放つ哲学的挙措に戻る（実践理性はそれ自体で実践的であり、善、法あるいは自由といったそれ以前の知を働かせること、またはその帰結によるのではない）。同様に、彼は諸現象の因果律の知から規制文を演繹しない。したがって、命令は「写像」に切り替わること、変容することがない。理性は知と道徳的実践の領域ではそれぞれ別様に働き、その合理性の様相は命題論理を逃れ、真偽判定に服さない。レヴィナスが弁護する、記述的－認知的なものと規制的なもののあいだの解放とは、彼が無－始原という語によって考えるものであり（「異質なものを迎え入れよ」といった命令文はみずからその正当性を有することからして、規制文の上流に始原が存在するのではない）、ここでカントの哲学的挙措と近づけられる。いわば、カントの自律性なる語は、このように実践理性という次元をそれ自身によって結晶化するのである。

（2） J.-F. Lyotard, « Logique de Levinas », *supra*, p. 37.〔本書、四四頁〕

リオタールは同様に別の整理に取り掛かる。自律性の思考は、絶対的な独立性を強調する。すなわちそれは、あらゆる行為遂行を指し示す道徳的義務を外的原因から切り離すことの独立性である。この思考は、それ自身以外に原因をもたないという、規制的なものの絶対的な特徴を際立たせる。この自律性という語は、最も確固たる仕方で、審判する力の絶対的価値、すなわち、行為を決定する、それに外的なあらゆる文脈、つまり状況、情動、感情に対してこの力が独立していることを示す。それは同じ意味で、レヴィナスが倫理は「文脈なき意味作用」[3]の秩序に属していると主張するのと同様である。同時に、この語は行為の価値を何らかの目的論に従属させることがない。まったく自由に命じ服従する力は、道徳的行為の価値をいかなる文脈の複合的な考慮からも解き放つ——上流ではその行為以前の文脈の力、下流では最終的な文脈から行為を解き放つのである。自由は、この連関を命じられることがないために、原因をもたず、いかなる因果的連関からも解き放たれた原因である、というみずからの特性を獲得する。この二重の解放は、記述的なものによって義務を説明し、義務を論じることから、すべての妥当性を奪う。

しかし、カントとレヴィナスの近縁性はここではほとんど強調されていない。リオタールはレヴィナスの差異をよりよく浮かび上がらせるために骨を折っている。カントとレヴィナスのあいだの近さはまずここにある——レヴィナスは大いなる正確さへと私たちを導くために迂回を行っているということがその理由である。リオタールは私たちに述べる、「近縁であるどころか」この差異は「むしろ深いと述べることができよう」[4]。規制的なものの特性を確かめるために、反対推論においてカントの手法の不十分さを強調することで、レヴィナスは、記述的秩序と知の秩序一般とから切り離す断絶についての優れた定式を提示する。このためにリオタールは、レヴィナスが明晰な諸理念と密接に結びつき、普遍性という観点によってのみ決定される、あらゆる善き意志を批判する際に、その批判を下支えする主張を想起させる。もし批判が最初の議論においてはデカルトに向けられているとしても、それは第二にカントへも向けられている——普遍性の考察は、カントによれば、格率の形式によって規定されるという特徴に関わり、実践理性を行使する瞬間に剝き出しで介在するのであるが、最後には規制的なものを、道徳的実践の概念化に関するすべての論述の組み合わせを凍りつかせる認知的なものの領域へと公然と従属させることになろう。

　レヴィナスのラディカルさは、規制的なものと記述的なものの通約不可能性が、あらゆる存在の論理との断絶とどれほど合致するかを浮かび上がらせることにある。ヘーゲルによるカント的道徳への批判が、〈存在すべきもの〉が存在においてどれほど現実性を獲得しえないかを示すことを目指すのとは反対に、レヴィナスのカント批判は規制的なものがどれほど存在に書き込まれる

（3）E. Levinas, « Préface », *Totalité et Infini, Essai sur l'extériorité*, La Haye -Boston -Londres, Martinus Nijhoff, 1980, p. 12.〔レヴィナス『全体性と無限』、前掲書、一九頁〕
（4）J.-F. Lyotard, « Logique de Levinas », *supra*, p. 46.〔本書、五八頁〕

ことを目指してはならないのか、そしてなぜ――カントがそうしようと試みるにも関わらず――〈存在すべきもの〉が、倫理を即座に停止するのでなければ、存在と類比的に思考されるべきではないのかを示している。〈存在するとは別様に〉は類比の望みとは手を切る。カントは、〈存在すべきもの〉を存在へと必然的に相関させる知の言語に捉われていては、次の二つの視点において、命令の純化が達成できない。それは一方で、自由の決定と因果律の語でいう自律性の言表という視点であり、他方で、格率の普遍化の形式的手続きという視点である。義務の根源的主体と、普遍性の最終的地平に対するレヴィナスの批判のみが、義務という裸の事実を明らかにする。これが議論の導きの糸である。

カントを超えた歩み

『文の抗争』の「義務」と題された――「レヴィナスの論理」の数節が取りあげられ、書き直された――章の註二においてそうであるように、「レヴィナスの論理」においてリオタールは、カントによる義務批判の力、そしてまたこの力が理論的な不純をさらに内包しているということをも、さらにより正確に説明している。そのうえ「義務」を扱うすべての章は、レヴィナスについての註一とカントについての註二とともに、カントとレヴィナスをそこで特権的な話し相手としながら、この問いに関して対話しているかのように聴き取ることができる。

それによれば、自律性の定式は道のりを最後まで踏破していない。この定式は、一見超越論的であると偽装する真偽の演算子を、秘密裏に移調させることを含んでいる。カントは、実践的な純粋理性の諸原理の演繹を放棄しながらも、真理を演繹不可能な因果律として――逆説的な様相の下で――発見することで、それを反転させ、その機能を保持している。この因果律という語を使用しつづけることが問題を引き起こす。同じ因果律概念を、二つの反対の用法、すなわち一つは知、もう一つは欲望という用法において用いる権利はあるか。原因という概念が認識能力の中心的カテゴリーを表象し、本質的に欲望の能力（実践理性の能力）とは異なるにも関わらず。自己原因という概念は、規制文の送り手と受け手がオーバーラップすることになる主体の同一性という徴表をもたらす。このようにして原因の概念は、後に私たちが説明するように、規制的なものを規範的なものの秩序のなかへと移動させる。実践理性は無始原ではないのである。

リオタールは、実践理性の領野における厳密な意味での演繹（理論理性の領野において行われる演繹と類比的である）の不可能性の、カントによる推論を明示し、続いてカントの推論が義務の固有性を濁らせる不純物を含むのはいかなる意味においてかを示そうとする。

（5） *Ibid.*, p. 51.〔本書、六四頁〕

実践理性の自律の観念は、自己原因という観念を内包しているが、とはいえそれは、（規制的なものを認知的なものの直接的帰結と為す、超越論的演繹を実行しうるという意味では）直接演繹しうるものとしてではなく、規制文の演繹不可能性さえもがその存在を確証することになるものとしてである。道徳的主体の決定のみずからによる適法化（自律性）は、法則の適法化としての実践原理の演繹の不可能性から、逆説的に暴露される（というのも、ここで適法化とはまさしくこの不可能な演繹となるからである）。この適法化は自由の（非演繹的）適法化であることが明らかになる。したがって法則の演繹不可能性が自由の適法化の現実性を自己を証明しないことで自己を証明するものとして、つまり、道徳法則への義務的関係において〈私が証明する〉ことを起点にして必然的に引き出されることになるものとして必然的に明らかにするのは、反対の様相の下で、直接的でない推論形式の一つによって、こう言ってよければ不条理によってである。ここから、方向の反転が導入され要請される。規制的なものの認知的なものに対する抵抗あるいは反抗的特徴は、それなしには規制的なものの原理そのものが破壊されてしまうものであり、反対推論により、そして、法則に内在的であると前提されているもの、つまり、自由という事実が起点と終点であることが明らかにされる。それは、理性の事実（*factum rationis*）と準事実である。当為の定式によって、法則の明証性から自由へと遡ることができる。そして純粋な意志の実在性は、法則が自由を厳命する瞬間に、事実としてアプリオリに与えられた道徳法則において示されるのである。

いかにしてリオタールは、これらすべての過程を明確にし、証明するために言語哲学の用語へと翻訳したのか。カントの処理は次のように言表される――彼は記述的「言表」への批判的関係と規制的「言表」への批判的関係のあいだの状況的非対称性を明らかにした。理論的領野において、メタ言語に属する批判的演繹と学問的な対象となる言語との関係は、この言語そのものと経験的所与――外示とは認知的行為であるとすれば、この言語が第一にこの所与にとって外示的である――との認知的関係と同型である。したがって、超越論的位置づけと経験的なものとの差異は、記述的言表と同じ類の言説の只中で働いている。この演繹が思弁的に為されずとも、この類の言説は少なくとも代用品（*Surrogat*）として経験に資する。反対に、純粋実践理性の領野において、演繹は規制的なものとまったく同型でない手続きに従う。というのも、規制的なものはといえば、代用品として経験への関係を供することができないからだ。規制的なものについてのメタ言語は、規制的なものが対象とする言説と同じ言説を共有するのではないのである。法則の決定は演繹に属しえない(6)。この不可能性は、規制文の因果律あるいは自発性が経験の場合と異なるということ、因果の連鎖によって決定論的様相の下で支配される経験の場合とは異なるということ

（6）J.-F. Lyotard, *Le Différend*, Paris, Minuit, 1983, p. 175.〔リオタール『文の抗争』陸井四郎ほか訳、法政大学出版局、一九八九年、二四六頁〕

と結びついている。そこに、演繹の必然的失敗が存する。というのもこの演繹は純粋に思弁的であり、経験に支えられているからである。

しかし、道徳法則がみずからによって支えられているとしても、演繹とは異なる仕方での適法化の形式を探さなければならない。この適法化は、『文の抗争』での註釈版においてそう述べられているのだが、道徳法則の正当性が恣意的なものとして収拾がつかなくなることを望むのでないのならば、不可欠である。(7) 不可能な演繹は直接的でない仕方で、私たちが、まさに規制的なものが認知的なものに留まるがゆえに、規制的なものと関係しているということを証示する（仮に演繹が可能だとすれば、規制的なものはその基礎づけの瞬間に差し止められる）。「カントの超越論的言説であるこのメタ言語は（何らかの経験をモデルとする）対象－言語から規制的言説の原則、すなわち道徳法則を引き出そうとするのでなければならない。それが達成された場合、すでに見たように、この原則が打ち消されるという代償を支払わなければならないのであった。したがって、このメタ言語は挫折することにおいて成功するのである」(8)。じつのところ反対の方向へと進む演繹は、道徳法則の自由がもつ計り知れない力があることを演繹している。したがって法則は〈理念〉へと私たちを向かわせる事実ないし準事実として現れるものである。法則が――制定も包摂もされないまま――受け取られるという事実をまさに、カントは事実《ファクトゥム》と名づけたのである。

この決定の様相はいくつかの特徴を示す――法則は結論ではなく前提に位置づけられ、推論は自由に由来する。決定（もしくは非直接的演繹）が問題にするのは法則ではなく自由であるが、

〈あなたは為すべし〉が経験的主体によって証明されるとすれば――それが意味するのは、法則の規制的な文がメタ言語の対象とはなりえないが、規制文の自然言語に、規制文が還元不能である自然言語に属しているということだ――〈あなたは為しうる〉は別の文のなかで立てられる。〈あなたは為すべし、ゆえに為しうる〉の定式は二点において非定型的である。第一に、〈あなたは為すべし〉が自分で私自身が知らない内なる力を見出し、いわばこの当為を達成する能力を生みだすような仕方で、当為から可能への誘導であると解されうる。この場合、〈あなたは為しうる〉は下流に位置づけられることになろう。しかし第二の非定型性は、今度は反対方向に、当為を達成する可能性の上流に〈あなたは為しうる〉を位置づける定式に重ね合わされる。リオタールは問題のこの第二の側面に興味を抱く――ここでこの定式は、あらゆる当為の可能性の条件として自由の存在へと退行的にさかのぼることを示唆している。

〈あなたは為しうる〉は、〈あなたは為すべし〉が選択の自由や偶発的可能性の自由とは異なる自由を内包している場合、これと対立することになる。「法則から演繹される自由は連鎖の偶発性ではない。反対に「道徳法則が述べられる場合、為されるべきものについての自由選択はもはや

(7) *Ibid.*, p. 176.〔同書、二四八頁〕
(8) J.-F. Lyotard, « Logique de Levinas », *supra*, p. 45.〔本書、五六頁〕

客観的に問題ではない」[9]。義務によって発見されるものとは、まったく強制されないことではなく、別種の絶対的強制、つまり義務という強制の名の下で強制されていることという意味での自由である。〈あなたは為すべし、ゆえに為しうる〉の二重の読みがここで示唆されている。一方で、実際は自由の独立を無効にし、自由を——レヴィナスの批判と共鳴するのだが——第二の自己陶酔[10]へと格下げする、同一性の言表である。他方で、まったく異質な両言表（あるいは文）、つまり義務の言表と可能性の言表、規制的なものと記述的なものの連結である。

この視点から考えれば、私が含意を通して当為から可能性へとさかのぼる場合に、義務と含意の領域の混同という超越論的仮象に陥る。この点、〈あなたは為しうる〉ではなく〈私は為しうる〉が問題となっている。「〈あなたは為しうる〉は、受け手の審級化された義務の世界を、送り手の審級化された自由の世界と共現前させる[11]」。しかしながらこの〈私〉は、自由をただちに現実的なものに変える文の世界においては不在であり続ける[12]。この側面では、〈あなたは為すべし、ゆえに為しうる〉の定式は、文の通約不可能な二つの断片の結合である。事実この定式は、起伏にとんだ文である。というのも、ある（主体によって証明された規制文という）地平に始まり、別の（〈あなたは為しうる〉が超越論的言語のなかで哲学者によって打ち立てられる）地平へと秘密裏に移行するからである。リオタールはこの問題を言語的な用語へと次のように翻訳する。二つの「要素」は同じ言語に属しておらず、だからこそ異質である——理解不能なつなぎ目のみが両者を結合するのである。したがって、あらゆる註釈——〈あなたは為しうる〉は註釈に属する——

は規制的なものと不安定な関係にある。自由の力による法則への服従の因果律は、歪んだ因果律である——あなたがそれを為すべきなのは、あなたが為しうるからではない。規制文は〈あなたは為すべし〉でしかない。この固有語はあなたが為しうると知っていること、あなたの自由を知っていることとは異質なのである。

「レヴィナスの論理」はカントがいかにして規制文を因果律の方向の反転として考えるかを明確化する。この（表象への関係の異なる位置づけを介した）反転においても、因果律の概念は放棄されず、別様に適用される。反転は因果律の概念を無傷のままに残し、「反転されるのは彼が総合する諸要素の順序関係のみである」[13]ような、その概念自身を傷つけずにおく。カントが物自体に対する因果律の概念について要請する用法は、これ以降、（ここで別の関係を支える）欲望の能力が問題となる際に超越論的仮象へ陥ることはないのか。外示的言表——あるいは記述文——は二つの現象を原因のカテゴリーの下に統合するかたわら、規制的言表は行為者と行為とを同じカテ

（9）J.-F. Lyotard, *Le Différend*, *op. cit.*, p. 177.〔リオタール『文の抗争』、前掲書、二五一頁〕
（10）J.-F. Lyotard, « Logique de Levinas », *supra*, p. 46.〔本書、五八頁〕
（11）J.-F. Lyotard, *Le Différend*, *op. cit.*, p. 179.〔リオタール『文の抗争』、前掲書、二五三頁〕
（12）*Ibid.*, p. 180.〔同書、二五三―二五四頁〕
（13）J.-F. Lyotard, « Logique de Levinas », *supra*, p. 50.〔本書、六三頁〕

ゴリーの下に統合する。このように通約不可能な実在に対して、同じ概念を維持することを正当化しうる比較可能なものは本当に存在するのか。行為者は規範的であり、行為が与えられないとしても、ここで原因概念の下で働く統合は規制的次元を消去するのではないか。リオタールはここで、規制的なものにさらに加わる、法則という概念がそれ自体として「第一の機能とするのは、直説法の諸限界のうちに命法を保持すること、言い換えると、欲望における因果律の「反対の」様相を知におけるその直説法に従属させること」[14]なのではないかと問う。

ここからリオタールが示そうと注力するのは、規制文の言語がみずからの適法化を「因果律」に見出すことができないことが、「自然」において因果律が超感覚的であるのといかに同じかである。これらの概念使用が倫理的領野へと移動すること（カントの語では、知の領域から欲望の領域へと移動すること）のなかに、超越論的幻想が存している。（「原因」と「自然」という語での）隠喩と類似とをこうして規約どおりに働かせることで、認知的カテゴリーは秘密裏に規制的領野へと入り込むが、それはこうした固有語のあいだの抗争を認識しないのと同じである。「規制文を正当化し、その達成について私が責任を負いうる当為とするのは何か」という問い、さらには「法に対して、私の自由の正当性として正当性を与えるのは何か」という問いは、規制文の問いではない。それは規範の問いだ。このことは逆説的に思われうるが、それと同様に、〈法則〉の審級化は、規制的なものの迂回とその知による回復とを表象することになる。それはヘーゲルが、法則はつねにそれ自体として知られると述べて、法則を自己を知ることへと準拠させることと重なり合う。

リオタールが示すのは、この規制文と規範とに強いられた連係、原因概念の形而上学的誤用が明らかにする連係が、規範とその普遍性の要件との分節化を通してふたたび別の視点から現れるのがいかにしてかである。この要件は、道徳的規制文の無条件性という特徴を浮かび上がらせる代わりに、その絶対的特質を消してしまう。第一に示される動きが第二のものへ通じている。それは、この法則をまた記述的－認知的なものへも同様に服従させることになる形式的手続きを介した、道徳法則の決定という動きである。この方針では、「主観的義務は適法的ではない。言い換えれば、この義務は普遍的規範の対象ともなる場合に限り、ある規範の対象となる」[15]。言表行為を満たしながら、規制文を規範として外示するカントの註釈の妥当性が有効なのは、「命令が遂行者によって規範として外示されるという条件下でのみ遂行的である」[16] 場合に限られる。法則の審級化が新たに示されるのはこうした点において、ここで普遍化という側面の下である。それは、因果律の割り当てという側面の下でも当てはまるように、記述的なものによる規制的なものの変質

（14） *Ibid.*〔本書、六四頁〕
（15） *Ibid.*, p. 17.〔本書、七二頁〕
（16） *Ibid.*, p. 21.〔本書、八二頁〕

と同様である。この審級化は、義務が一種の内在的註釈へと服従する定式を表象する。カントはここで法を制定する理性（普遍性を要請する）と意志する理性（「理論理性によって説明される本性から諸帰結を解放し、諸帰結を超感性的な本性のなかに位置づける自由」[17]）とを同等化している。規制的言表は、それを規範と為す、この言表の記述と等値なものとされ、この等値性を定めるようになるのは、規制文の無条件性と普遍化の絶対的特徴との接近である。規範を普遍的なものに書き直すことは、規制的なものを（規範的なものと相似的な）命題論理の枠組みへと書き入れ直すための根本的な条件を達成する――ここで重要なのは「規範を言表する主体に量記号の変化を付与する、命題的論理の含意[18]」だけである。この規制的なものと記述的なものの法則言表における等値性は、リオタールによれば、すでに因果律を反対に用いることで、不可能な演繹の逆説的な処理の段階から準備されていた。法則は、規範と普遍的規範の審級化において、誤用された形の規制的言表へと変容する。*so dass* を「その結果」と解しても、適切な形式において「かのように[19]」と解す場合であってもそれは誤用である。仮に適法性の形式が知の次元と当為の次元において異なる仕方で価値をもつというのが本当だとすれば、つまり、前者の場合では因果律に対して概念という位置が与えられ、後者の場合では〈理念〉という位置が与えられるとすれば、たしかに道徳法則と（枠組みではなく）型としての自然法則との類似性は、ここではその遠さにおいて考えられている。しかし同時に、〈私〉と〈あなた〉のあいだの非対称性を忘却させ、「自然というモデルの上に形作るすべてを構想する第三者の目に[20]」のみ明らかとなる交換可能性を働かせるや否や、接近は超越論的仮象へと移行する。

　この（外部の、あるいは内部化された）第三者という立場から正当化が行われ、この立場から（義務の受け手の状況を差し止める）位置づけの回復が行われる。というのも、行為の宛先（その地平）が行為主体を普遍的な目的の王国（人間性）における立法者の一員として位置づけ、誰に対しても現在立法者の立場に位置することを可能にするからである。「ここにこそ、まさに実践的な超越論的仮象があるのではないか」[21]とリオタールは書いている。パートナー間の交換可能性は知の対話的規則であるが、義務の場合には非対称性を損なってしまう。「人称」という語は、送り手と義務を負う者という立場の還元不能な区別を払いのけることで、この幻想を完遂する。「カントによって両審級は完全に非対称的なものだと認識されていたにもかかわらず、両審級を混同し圧縮しながら、この同じ「人称」において、私たちは両審級の抗争を簡単に消し去っているのではないか。なぜ義務を負う実体は義務を負わせる主体でもあるべきなのか。そしてなぜ「人間」

（17）*Ibid.*, p. 18.〔本書、七四頁〕
（18）*Ibid.*〔本書、七六頁〕
（19）J.-F. Lyotard, *Le Différend*, *op. cit.*, p. 182.〔リオタール『文の抗争』、前掲書、二五八―二六〇頁〕
（20）*Ibid.*, p. 183.〔同書、二六〇頁〕
（21）*Ibid.*〔同書、二六〇頁〕

がこの自己であることになるのか[22]」とリオタールは問う。

同じ結合が、先行する因果律としての自由と、法を設定しそれに従う同じ行為において主体の自己自身による決定を結びつける。道徳的主体は自由に義務に従う――そして彼の自由は行為の原因である――、というのも、彼は自分が自由に設定した法へ従い――理性の主体として、彼はその立法者である――、そして普遍法則へと格上げされ、彼が署名しあるいは署名を添える自然の普遍法則と表象されうる格率をみずからに与えるからである。したがってこれらすべての側面の下で、自律性概念は最後の分析において、規制的なものを規範的なものの支配の下に位置づける。リオタールの中心的反駁はレヴィナスを読みながらカントに宛てられたものであり、規範的なものが規制的なものを侵食しているとの批判にあった。かくして彼は次のように書いている。「レヴィナスの言説のなかで働くものとは、けっして規範に変形することなく義務について語る権能である[23]」。

規範という類の言説は、とりわけ私に宛てられた言説に属するもの、〈あなたは為すべし〉、つまり個人言語――証人もおらず私のみが聴いている命令――から、第三者によって確証されうる、命題的言説に属するものへのこの移行を示唆している。つまり、その意志の格率を普遍法則へと格上げしうる仕方で行為しなければならない。普遍的に妥当しうる格率は、カテゴリーとしての命法の無条件性に適合している。この命法は――相対的である――仮言命法と異なり、絶対的価値によって定義され、共通の動きにおいて、規制文の無条件性（それは決定的である）と格率の普遍性を要請する。困難となるのは、この「絶対性」の二つの意味の重なりである。〈正しくあれ〉は絶対的に雄弁な〈これを為せ〉を言い渡す。しかし、秩序の絶対的な価値は普遍性と解されるが、自明ではない。様相化された規制的なものは、その事実によって条件づけられているとわかるのか、あるいは可能な普遍性という条件でその無条件性が中断されるのだろうか。

義務の絶対性は、その普遍化の絶対性に対して相対的であるがゆえに失われるのではないか。「絶対性」という語の二つの意味のあいだに回復はあるのか。第一の意味は（絶対的に命令する）規制文に属するが、第二の意味は規範文に属する。規範文は規制的なものの形式とはまったく異なるもの、つまり認知的な類に由来する形式による決定手続きによって規制文を条件づける。規範文は認知文において表現されるのである。普遍的に格上げされうる格率はそれに基づいて行為すべき格率であり、したがって事実そのもの《イプソ・ファクト》によって規制的なものを認知的なものへと従属させる。したがって規範文は、事実を普遍化された格率へと従属させる論理的審判の実行を主体に要請し、推定される第三者へ依拠することで行為の適法性が確かめられたことを推定する。規制文の確かさは、万人に対してのものである限り万人によって実行されるという事実に基づいている。

（22）*Ibid.*, p. 184.〔同書、二六二頁〕

（23）J.-F. Lyotard, « Logique de Levinas », *supra*, p. 60.〔本書、七八頁〕

その装置のあらゆる布置は規制的なものを、規範的なものを介して、真理の演算子へと従属させてしまう。

規範文は規制文を引用と位置づける。規範文は規制的なものを適法化し、それによってその固有性を消してしまう。それは〈あなたは為すべし〉から置き換わるのである。それはあなたが為すべき理由によって制定される規範である。規範は正当性を与える。「xとyが〈行為せよ〉という規制文へ従う正当性を受け取るのはどこからかを自問しよう。それらは、規制文を正当化する世界において送り手の審級に位置づけるこの文〔普遍的に妥当するものとしての格率に翻訳された規制文の様相化へと、正当性をもたらす文〕から受け取るのである」[24]。普遍化する様相化は自律性、すなわち送り手と受け手の審級がそれぞれに〈私〉と〈私〉であるという重なりと適合する。義務の主体は立法の主体の立場へと位置づけられる。規制文から法則を為すことで、正当化は義務の非対称性を拭い去りながら、規制文を適法化し、受け手の立場にある主体を追い払うことにおいて、規制文を消し去ってしまうのである。規範的言表は結果として、そうでなければ機能として、義務を負うという状況を〔送り手と受け手にとって〕対称的なものにする。

自律性の肯定があらゆる文脈からの独立の肯定であり、記述的なものとしての認知的なものから規制的なものを引き離すとしても、因果律のモデルに依存していることには変わりがないということを私たちは知っている。なぜならそれは、自然の写像であることをみずからに求め、普遍主義的手続きに従うよう自己様相化するからである。このように、記述的‐認知的領域はその影響力を反復する。道徳法則を作った立法者が存在しうる。つまり、認知的な仕方で統握されうる性質へと送り返されるのは、理性の自由である。送り手と受け手の一致が存在し、そのことによって道徳的主体は自発的に自己正当化する。義務を負う者を立法者へと位置づけ直す普遍性の論理的手続きによる、適法性の確証が存在する。これらの側面は自己陶酔、——カント自身によってかくも非難された——自己愛（*cher moi*）の力強い回帰、そして同時に、知の確証による倫理の謎の再我有化を暴き出す。この再我有化の確証は道徳における自律性概念そのものにおいて働いているが、私たちを諸々の結論へと導く。記述的なものに対する規制的なもの異質性、その通約不可能性は、自律性のパラダイムを放棄すること、規制文の他律性の価値に立ち返ることを条件としてのみ認識されうるのである。したがってもう片方の耳では、「了解する〔＝聴く〕前に行為すること」なるユダヤ的標語を、「語用論的なもの」と「反省的なもの」のあいだの大きな差異を開く聴き取りという意味で、無条件性と普遍性のあいだの歪曲が住まうことになる〈知とは別様に〉という意味で聴かねばならない。「レヴィナスによれば、「それ」は普遍的であるから義務的であるのではなく、端的に義務的なのだ。それゆえ「それ」が了解されるより前に為さねばならない。だからこそ知の支配、つまりは言表行為の自己陶酔は中断されるのである」[25]。それは、行為の確か

（24） J.-F. Lyotard, *Le Différend, op. cit.*, p. 206.〔リオタール『文の抗争』、前掲書、二九五頁〕

さをそれが註釈を生み出しうる前に支持すること、普遍性の条項を中断することとまさに同じ事柄である。

〈あなたは為すべし〉という文と他者の諸権利

したがって倫理の還元不能性を認識したからには、倫理の異質性を考察したカントよりも、さらに歩を進めるよう導かれることになる。義務は自律性を原理から問いに付す。すなわち、規制文の送り手と受け手、命令を与える者と受け取る者のあいだの交換可能性に一貫性があるかと問う。この交換可能性は倫理的非対称性を消し去り、規制文の問題系を正当性の問題系という方向へ移行させることになる。そうなると、私が強いられる〈他者〉による把握の関係としての倫理的関係、したがって他者から私に到来する義務が私を貫き、「私は強いる者の立場に立つことがありえない」、つまり強いる〈あなた〉は可能な〈私〉では決してないという意味で、私が他者の人質となるような仕方での自己の解放の関係としての倫理的関係を、誤解することになる。その結果、私は自分で、みずからが義務の送り手かつ受け手である独白的関係に基づく命令をみずからに与えることはできないし、同様に私はこの命令を対話的な関係において議論することもできない。後者の意味では、この〈あなた〉の超越は、第三者とまったく異なるような〈彼〉[26]の超越のようであり、この〈あなた〉はとりわけ二人での、一対一の話しかけにおいて私に命令する。関係する両パートナーのあいだには、いかなる交換可能性も存在しえない。これが義務を負う者の孤独である。

自律性の言説に取りつく規範的言語と手を切らねばならない。その行使は規制文を記述、註釈の対象として位置づける。それゆえ、メタ言語は対象－言語と同じ言語領域にはなく、したがってついでに言えば、私たちは言語ゲームを完全に変えてしまう。「引用され、あるいは、もたらされた規制文、つまりそれ自身の写像は義務というみずからの語用論的効用を失う」[27]。為すことの場合（すべての規制的言表は遂行的である）、または規制されたものの意義を理解することの場合と比べて、聴くことは同じ意味をもたない。この秘密裏の行為は二つの意味で引き起こされる。つまり、私が註釈するために規制文から離れる場合、または命令するために規制文の註釈から離れる場合である。自律の言説の効力の疑わしさはすべてここに存する。この自律の言説の「規制的状況に対する関係は、命令の註釈の命令に対する関係と同じであるということだ[28]。すでに述べた

（25）J.-F. Lyotard, « Logique de Levinas », *supra*, p. 73.〔本書、九六頁〕

（26）J.-F. Lyotard, « L'autre dans les énoncés prescriptifs et le problème de l'autonomie », *supra*, p. 107.〔本書、一四四頁〕

（27）*Ibid.*, p. 101.〔本書、一三六頁〕

意味で、自律の言説は規制的状況を中性化する」。リオタールが強調するのは、この点に関してレヴィナスが反駁するのは、規制的な諸審級と、これらの諸審級の註釈における写像、すなわち〈法則〉の註釈においてのみ交換可能な〈私〉と〈あなた〉の混同であるということだ[29]。しかし外示的領域にあると分類される言表の哲学は、自律の言説と適合するあらゆる一貫性を解体する、この通約不可能性の認識を妨げるのである。

したがって、「レヴィナスの論理」においてリオタールは次のように書いている。「義務の言表の形式は命題論理の言表の形式と異なっているうえに、言表行為の哲学の領域にのみ属するわけでもない[30]」。存在するものを論じる言表の哲学、言表された語の使用に内在する言表の哲学は、規制的なものを記述的なものへ、正当なものを真なるものへ一致させる。〈……するべきである〉が〈あなたは為すべし〉に先んじたり、それを変更したりする場合にはかならず。この言表行為の条項は規制的なもの自体を歪めてしまう。〈存在するとは別様に〉は、言表の必要条項を表象する「確認的－表象的なもの」という言表的様相性に従う場合のみ、それ自体として宣言されうる。あらゆる言表をペア性のもとに置く、つまり〈存在するとは別様に〉を〈存在〉のなかに留まらせ、それを否定する思弁的言説の対象となす主題化の支配下に置くこの条項を逃れなければならない。「〈同〉からの倫理的言説の解放という企図は言表行為の条項を前にして失敗する[31]」からこそ、リオタールはこの言表という語を用いるのをやめ、モントリオールの学会において行った発表以来、『文の抗争』において完成する書き直しの仕事に着手しながら、いまだ均一でない模索的な仕方で、徐々に「文」という語へと置き換えるようになる。

言表という語は実際、この義務の他律について述べるにあたって言説という語に比べて不適切である。ここではとりわけ特殊な文の世界について述べるべきである。「それは倫理的文の世界である。文の送り手であるという幻想から解き放たれた〈私〉は、受け手の審級に理解不能な仕方で捉われる」[32]。「文」という語は、その未決定性から、一般言語の系列を命題的あるいは命題学的言語に一致させないこと、あるいは手足を失った言表として倫理的規制文を措定しないこと、むしろ反対に、その一般性において構想されたあらゆる文の非‐正常な特性を尊重することへの関心を表している――つまり文とは場合に応じて決定されうる、（文、送り手、指向対象、意味、受け手を可能な価値《ヴァランス》と名づけるとすれば）すべての価値ではなく特定の価値に従う。規制的なものはこのように構想されており、固有語の特殊性において認識される。それは誤って厳格に言語的系列を表象するわけではないのである。

（28）*Ibid.*〔本書、一四六頁〕

（29）*Ibid.*〔本書、一四六頁〕

（30）J.-F. Lyotard, « Logique de Levinas », *supra*, p. 72.〔本書、九五頁〕

（31）*Ibid.*, p. 28.〔本書、三一―三二頁〕

（32）J.-F.Lyotard, *Le Différend, op. cit.*, p. 164.〔リオタール『文の抗争』、前掲書、二三〇頁〕

義務の文は〈私〉と〈あなた〉という両極の配置交換を排除する、反転不能の〈あなたと呼び合うこと《テュトワイユマン》〉のなかで主体を捉える。そこでは話しかけることの次元のみが決定的であり、その送り手となりうるとの幻想をもつ主体を解き放ち、指向という軸の資格を失効し、意味の指向対象を消し去る。「あなたの言葉を要求として聴き取ることを望むのであれば［…］、私はあなたを意味として聴き取らないでいるべきだ(33)」、さらには「他者はいかなる意味をも告示しない(34)」とリオタールが書いた通りである。

この非合致は同時に、倫理と呼ばれるべきもののなかに司法的なものを導入することが、不適切であることを明らかにする。「他者によって強いられるとすれば、それは他者が私に強いる権利、直接的または媒介的に私が他者に認める権利を有しているからではない。私の自由はその正当性の源泉ではない。私たちが強いられるのは、私たちが自由であり、あなたの法則が私の法則であるからではない。そうではなく、あなたの要求が私の法則ではなく、私たちが他者を課されるからである。自由と同意による義務は副次的なものだ(35)」。送り手と受け手という審級の分離は、受け手が命令を我有化することによって送り手と合流するという事実において炸裂する。この意味で、倫理の正義は（私の当為とあなたの権利という）相互性と、（あなたの権利は私があなたに承認したもので、私の当為は私が有すると認めたものだとして）反転しうる同一性とにおける権利と当為のすべての関係の資格を失効する。倫理的な文は権利主体の論理、法則を作る者とそれに従う者の各立場の交換可能性と矛盾し、私たちを懐疑主義に耐えうる司法的なものそれ自身の書き換えへと導く。「私たちは法則を作り、それを被りうるが、それは「同じ場で」、つまり同じ文においてではない。この二重性からしてすでに、権利を主張する者と権利が適用される者との同一性への疑いが生じる（カントの註二）。一つの懐疑主義である[36]」。

リオタールがここで示そうとしたのは、権利の言説の適法性に裁決を下すか否かではなく、自律性という概念と用語が法に適う仕方で用いられていないのは、倫理的領野に自律性が据え付けられていたためだということだ。かくしてリオタールが示唆する考えに基づくと、自律性の原理はおそらく契約という観念の延長でしかなく、次のような双条件性ないし等値原理を内包していることになろう。「命令の受け手は、それを与えた者に取って代わりうる場合、そしてその場合にのみ、この命令によって義務を負う」／「命令の送り手はそれを受け取る者に取って代わりうる場合、そしてその場合にのみ命令を与えることを正当化される[37]」。この立場交換という規則の原理

---

(33) *Ibid.*, p. 169〔同書、二三八頁〕
(34) *Ibid.*, p. 165.〔同書、二二九頁〕
(35) *Ibid.*, p. 165–166.〔同書、二三二―二三三頁〕
(36) *Ibid.*, p. 147.〔同書、二〇五頁〕
(37) J.-F. Lyotard, « L'autre dans les énoncés prescriptifs et le problème de l'autonomie », *supra*, p. 103.〔本書、一三九頁〕

にあるものとは、私たちがギリシア的意味において、あるいは新たに近代的意味において解する〈法〉の司法的概念であり、つまり、それに基づいて〈法の上には立つ者はない〉[38]、あるいは〈法〉は万人に対して等しいと主張する考え方である。しかし、権利の言説の原理をなす法の前の平等は非対称性を消し去ってしまう——規制文が存在するためには、同一性などではなく他性の存在が必要なのだ[39]。

同じように、権利の言説はこの諸審級の交換を〈私たち〉の肯定によって作動させる。しかしまさしく、「命令文の受け手と送り手の「非対称性」は消えることがない。義務に関して、彼らがひとつの〈私たち〉を形作ることはけっしてない[40]」。自律性概念はつねに（送り手／受け手の）両極のあいだの隙間を消し去って「この分裂を癒すことになり」、「義務的な〈私たち〉」を構成しようとしてしまう。「しかしそれは、規制文を述べる規範的〈私たち〉を生じさせるのみである。規制的状況、あるいはこちらの表現をお好みなら、義務的状況においては、〈私たち〉は〈私〉と他者に解体される。「あなたは為すべし」は「私たちは知っている」とは通約不可能なのだ[41]」。

かくして記述的なものと規制的なもののあいだの錯綜を解くことによって、司法的なものを道徳的なもののなかへと位置づけることが問題になる。カントによって着手された〈あなたは為すべし〉を〈われ思う〉から離す企図は、より大規模な区別とラディカルさをもって、レヴィナスとともに遂行される。この企図は、道徳的なものにおける司法的なものの資格失効と〈私たち〉の結合《エリズィオン》とを含意する。

あらゆる〈われ思う〉から解放された〈あなたは為すべし〉の思考は、権利に関して、より詳しく言えば、政治的権利に関して再考させるに至る。倫理的思考はこの全体としての再考への導きの糸として働く。いわばリオタールはここでもっぱら、政治的なもの自身における〈他者〉との関係について考察する道を示し、レヴィナスの採る道をその帰結に至るまで辿れば、「〈私たち〉の、とくに国民の〈私たち〉の同一性を、〈私たち〉の名による祈りに至るまで、放棄する(42)」よう導かれるのではないかと問う。『文の抗争』において、リオタールは完全に〈私たち〉のアポリアを政治的次元において説明し、自律性の亡霊と「誰が正当化の主体を正当化するか(43)」という問いの苦悩からもたらされた政治を解き放とうとすることになる。自律性の原理は、〈私たち〉の完全無欠な保障を自己参照的に申し立てることによって、この問いを閉じてしまう。権利の言説の適法性という資格を明らかにし、抗争において〈権利〉を主張するという——不完全だが必要な——

(38) *Ibid.*, p. 105.〔本書、一四二頁〕
(39) *Ibid.*, p. 95.〔本書、一二八頁〕
(40) *Ibid.*, p. 107.〔本書、一四四—一四五頁〕
(41) *Ibid.*, p. 116.〔本書、一五六頁〕
(42) *Ibid.*, p. 114.〔本書、一五四頁〕
(43) *Ibid.*, p. 112.〔本書、一五一頁〕

役割に回帰する正しさの取り分を取り戻すことによってのみ、リオタールは問いを深めるだろう。しかし、〈私たち〉におけるあらゆる保障に対して本質的に用心し慎重さを保ち、まったく異なる語で共同体の問いを再定式化することによってこそ、それは行われることになる。

「他者の諸権利」と題されたテクストは、すでに〈他者〉を〈権利〉の省察において思考することの重要性を明らかにしており、人間の共同体の適法な語での定式化を要請する。〈他者の諸権利〉について語ることにおいて、リオタールは〈人権〉を書き換え、倫理的非対称性の根本にあるものを尊重する言葉によって〈権利〉を再定式化しようとしている。しかしながら、この他者の還元不能性を尊重するならば、次のことをしてはならない。つまり、司法的領域を倫理の領域と合致させること、あるいは適切に言えば、〈権利〉をつねに相互性の領野で、対話における同等性という高い正当性の下に位置づけることをしてはならないのである。

ハンナ・アーレントの文を起点として、リオタールはここで簡潔な仕方で定式を言表する。「人間は、一人の人間ではない人間である場合にのみ人権を有する。そして人間は、彼が他なる人間でもある場合にのみ一人の人間とは異なる人間である」[44]。人権の承認はまさしく、それらの権利の意味を、同類、すなわちホモ・サピエンスに属するという基準から引き離すことを条件とするのである。たしかにあらゆる人権宣言は、リオタールがとてもよく知るように、生物種として解された人間概念に基づいて示されるわけではないが、人権は〈人間〉という道徳的〈理念〉を指向しており、この区別を超えて正しく理解しえない。言い換えれば、正しく理解するためには、秘密裏に「人間＝人類（humanité）」という語の両義性の同型性の影が——それが影でしかないとしても——忍び込まざるをえないのである。それを正しく解し、『人間と市民の権利宣言』の循環——権利宣言は〈国家〉が宣言そのものを正当化しうるものとなる、まさにその瞬間に〈国家〉という枠組みにおけるその翻訳を正当化する——を逃れるためには、重要なのがむしろ〈他者〉の諸権利であるということを認めるべきである。それらの定式化は、宣言の言表行為——メタ言語がみずから無効化する規制文の付加部分へと滑り込むという秘密裏の行為を含む正当化を要請する言表行為——というよりは、推薦という語用論の派生へと送り返される。したがって、普遍的な〈権利〉という語を真に洗練させるためには、カントがこの語の最も厳格で高尚な翻訳を与えた〈人間〉という哲学－司法的概念にこだわっているよりも、むしろレヴィナスの思考へと向き直ることが重要なのである。

　しかしながらこのことは、カントの寄与を否認するということではなく、反対に、カントの人間という〈理念〉に含まれるとみられるものを、いわば発展させることにある。つまり、〈他者〉の尊重である一方で、それは道徳的であると同様に司法的にも、他者主義とは別のものである。それはカント主義において、格率の普遍化手続きと、人格概念におけるその屈折の後に来る〈他者〉

（44）J.-F. Lyotard, « Les droits de l'Autre », *supra*, p. 117.〔本書、一五九頁〕

へと関係すること、またこの関係をもはや短調ではなく長調となすことである。

人権の真の意味は〈他者＝別の者〉の権利である。このことは二つの方向性で解されるべきだ。一人の人間が権利をもつのは次の二つの場合に限られる。第一に、彼が〔誰でもよい〕一人の人間――他の者たちとの種族のサンプル、同類たちと事実上類似したサンプル――ではない場合である。そしてそこから第二に、彼が人間ではない場合、つまり、それを決めるのが人間を決定づける概念という規範でない場合、つまり、他性――人がそうであるところの他性（みずからの他性）と人が関係づけられている他性（他者の他性）――との関係が無条件的である関係、あらゆる同一化的決定につねに還元不能である他性への関係となる働きがそれを決める場合である。人間とは、他者としての他者へ諸権利を認める関係を結晶化する語にほかならない。ある意味では非人間的な関係が重要であると述べることに至りつくのでなければ、少なくとも、条件づける者と条件づけられた者とされるものを逆転させるべきである。諸境界のなかに閉じ込めることで他者への関係を基礎づけるのは、人間的共同体ではなく、（他者の非決定性における）他者への関係、他者としての〈他者〉の規定不可能な諸権利の承認こそが、人間的共同体を基礎づけ生み出す。私が人間であるのは、私が他者の諸権利を尊重する場合のみであり、人間が権利をもつのは、他者である場合のみである。同類との関係を基礎づけ、人間的共同体を構成するのは、還元不可能な他性へのこの共通の権利承認なのだ。他者を排除することで、私は人間的共同体の原理を損ない、この共同体を他者と私のなかで滅ぼしてしまう。私のなかの他者の形象は私が人間的に扱われる権利の基礎にあり、それはまさしくこの形象が相互的に私が他者を人間的に扱う当為の基礎にあるのと同じである。他者の（他者の差異の）承認こそが人間的差異である。「人間たちが同類となるのは、各人が自己のうちに他者の形象を有しているということによってである」[45]。人間的なものは人間から派生するのではなく、本当はその反対であると言うことができなければならない。つまり、人間は人間的なもの（他者を承認すること）から派生するのである。

この私のなかの他者の形象は、人間言語が差し向けられる言語的事象であるということと一致する。人間的なものは差し向けられる文、〈私〉と〈あなた〉の二極化において顕著となる。この相互的で反転可能な〈私／あなた〉の関係、対話関係は、〈私たち〉人間が存在する場合、対話は先行条件ではなくそこから帰結するものであるということを含意している。〈私たち〉は対話を生じさせる、還元不能な他性から由来する。リオタールは次のように書いている。「この〈私たち〉において、他者が可能な各人の対話相手である限り、他者の形象は明確に各人にとって存在し続けている」[46]。同意が存在する場合、この契約的安定化は他性の溶解を意味するのではない。なぜこの〈私たち〉が、拡大された規模での自己と自己の関係ではまったくなく、〈同〉の大きな代謝に

（45） *Ibid.*〔本書、一五九頁〕
（46） *Ibid.*, p. 119.〔本書、一六二頁〕

おける何らかの項への同化に依存していないのかが、そこでこそ理解される。注目すべきは、リオタールが〈私たち〉を溶解させたり撤回したりしようとしているのではまったくなく、異質的なものの〈私たち〉と同質的なものの〈私たち〉の区別、すなわちその輪郭がつねに議論される、話す行為の〈私たち〉と、自己自身を異邦化することなき言語に対して先行する公理としての〈私たち〉との区別を行おうとしていることであり、彼がまったき他者へと対話の権利を認める共和的で市民的《シヴィック》な〈私たち〉と、他者を自己自身の外で、そこから自己を基礎づける対面または否定的な目印として捉える民主的で国家的な〈私たち〉とを対置するということである。ここでリオタールの容赦なきラディカルさを追究するべきである。あらゆる〈私たち〉の消失を責務とし、またはそれに没頭する誹謗者、あるいはそれを称賛し称揚する支持者の一部とは反対に、リオタールの思考はより正確で賢明である。つまり、それは硬直した同一性を自己に要求するあらゆる〈私たち〉の告示を撥ねつけるのみ——しかし最大の確実さを伴って——である。この思考は、今度は〈共和国〉という名をもつ、善き普遍性、文を為すことの普遍性を求めるのである。

　このことからリオタールは自律性の政治、序説《プロレゴーメナ》の政治とは異なる政治を要求し、序説の「人間と市民の諸権利」という表題を、市民的《シヴィック》なものが国家的なものによって歪められえない、「〈他者〉と市民の諸権利」と呼びうるようなまったく異なる表題によって置き換える。その際、市民的なものが〔他者における、そして私における〕〈他者〉の還元不可能性を尊重する対話規則から生じるのであるから、今後は司法的に、〔市民的なものと国民的なものという〕両者が句切れること、あるいは第二のものが第一のものの優位に立つことはありえない。

リオタールはこの対話の他性の尊重を正義そのものと考えている。もっとも大きな過ちとは、まさしく他者に対する対話禁止のそれである。言葉《パロール》をやりとりする権利を他者から取り上げることは、存在者の帳簿から彼の名を抹消することである。〈他者〉のあらゆる権利は彼の言葉《パロール》と痕跡への権利を起点とする。言葉《パロール》が禁じられていることとは、交渉不能で取り返しのつかない過ちの意味そのものである。「あらゆる排除はそれを受ける者たちに損害を与える。しかしこの損害は、被害者が対話の共同体から除外されるとき、必然的に不当な被害へと変わる。不当な被害というのも、それは被害者が話を聞いてもらえないために証言できないという損害だからである」(47)。反対にリオタールは、決定的であるとともに局限されたこの短いテクストにおいて最も詳細に、具体例として対話における適法的関係の共和制的（そして閉鎖的でない）憲章を素描しながら、対話における他者の諸権利の活用変化の仕方を記述する。とりわけ、第一に、師の権利、主語となる〈あなた〉でも目的語となる〈あなた〉でもないこの〈他者〉は、生徒の知らないことについて指導する権利がある。そして生徒には、言葉《パロール》を中断するなかで師の言葉を聴くという当為がある。それは、聴く者の言葉《パロール》の権利を傷つけることなく、反対にこの聴く者の方が発言し、述べられたこ

(47) *Ibid.*, p. 124.〔本書、一六八―一六九頁〕

とと異なることを聴かせ、語り直しではなく革新することができるようになる中断である。ここでのやり取りにおいて共同体は、融合的なものとしての相互行為的なものとはまったく異なる仕方で、アプリオリに各瞬間ごとに他なる、より適切なものであり、また発布され続ける。その共同体は、つねに境界線の反芻とステレオタイプの決まり文句、メディアが見事にその礼賛者となる自己自身に関する思想的硬直化のなかで、同じままであり続けるのではけっしてないのである。

　共同体において死ぬことは、言葉《パロール》において死ぬことである。リオタールはここで『文の抗争』の哲学における導きの糸を言表している。それは死なせる死の痕跡を消すことだ。「それは、話者の共同体の外へ話者を追放することを含意するからこそ、死を強いる不当な被害である[48]」。それは絶滅作戦を生き延びた者たちが、このうえなく知っていることである。「収容所で課されたおぞましさは、あらゆる話者にのしかかる追放の脅威を恐ろしい形で描き出す[49]」。したがって、この脅威がたしかに比較不能な程度で固定的な〈私たち〉のあらゆる主張の影を浮かび上がらせ、明確にして以来、死の脅威のあらゆる重みをすでに有している。私の限界を超える脅威として、それはすでに死であり、死よりもなお悪いのである。

　特筆すべきは、リオタールがここで損失の証言の不可能性（そして損失そのもの）を不当な被害と呼んでおり、この不可能性が事実そのもの《イプソ・ファクト》によって損失を修復不能なもの、『文の抗争』のように、厳密な意味での不当な被害に変えているということである。「不当な被害とは次のものだ。損失を明らかにする手段の欠落を伴う損失である[50]」。さらになお特筆すべきは、〈他者の諸権利〉

についてのこのテクストにおいて、不当な被害という一語によって（修復不能なものという強い意味で）、被った損失の証言のあらゆる価値と証拠の機能とから独立に、あらゆる発話《パロール》の妨げを指し示すことになるということだ。不当な被害が存在するためには、言葉《パロール》の奪取が存在するだけで十分である（この禁止で十分であり、さらにはそれを禁止しなくとも、ある言葉《パロール》が生まれるのを妨げられるだけで十分である）。私が証言できない被害に関する発話《パロール》の禁止が厳密な意味で不当な被害《トール》を構成するということは、いわば二次的なものでしかない。つまり「他者の諸権利」においてはあたかも、原初的で原始的な過ち《トール》が存在し、原因、動機、理由が何であれ、誰かに対して為された過ちが話すこと一般の不可能性のなかに位置づけられるかのようであり、また、過ちがその最上級の特徴として不正の証言ができないことを指し示すとしても、それはたんに、比較すれば単純ではなくおそらく複雑な仕方、派生的な仕方によるものであるかのようだ。始まりやきっかけが何であれ、過ちとは、本質的でまったく最上級の純粋な仕方では、すでに沈黙に置くことのうちにあるかのようだ。それは言語、行為、文を為すことの尊重、そして他者の尊重が、

（48）*Ibid.*〔本書、一六九頁〕
（49）*Ibid.*, p. 125.〔本書、一七〇頁〕
（50）J.-F. Lyotard, *Le Différend, op. cit.*, p. 18.〔リオタール『文の抗争』、前掲書、一五頁〕

人間的責任さえも超えて、ただ一つの無条件に属しているからである。これがリオタールはここで次のように書きえた理由である。「作家や修道士、学生の良き沈黙さえ、苦しみなしに受け取られることはない(51)」。

この〈他者〉の厚みの承認は、自律性の思考の鋳型に無理にはめ込まれる。自律性は法律の数を数えていない。「律法は「あなたは、私を殺してはならない」と述べる。それは、「あなたは他人に対して対話相手という立場を拒んではならない」という意味である(52)」。したがって、絶滅を約束されていた者たち、生き延びた者たち、そして、こう言ってよければ、おぞましきことを為された者たちが証言するのは、彼らが被った不当な被害を述べることが永久にほとんど不可能であると定められていることについてである。彼らは「前提上それ〔悲惨さ〕を知らない(53)」言葉《パロール》の共有において真に表現されえないものを述べることの究極の困難（と内的な必要性）に直面する。しかし同時に彼らは、名づけえぬものが名指しで述べられえず、忘却を忘却することが問題になりえないということを際立たせる強調を失うことなく、名づけえぬものを可能な限り名づけるに至るための観点について語り、発見することに対する真の尊厳をこの悲惨から得る。しかし、それを固有言語において述べようとすることは結局、求められたこの言語のなかで、それを述べることができないのと同時にいかに「述べる」ことができるかを見出すに至るであろう。そしてこのことはもちろん、この不在についてたんに〈言われたこと《ディ》〉の宣言によるのとは別の仕方なのである。

〈他者〉か複数の〈他者たち〉か

「レヴィナスにとって、赤貧である他者の要求こそが、あらゆる規制文のなかで規制するものである」[54]。倫理文の他律の純粋さを見出すことで、リオタールは倫理的なものと認知的なものとの異質さを強調するよう導かれる。しかしこのことによって、言説の種類の複数性、文の種族の複数性の存在を、そしてまた、どちらもそれぞれに特有の正しさをもつ現実の「秩序」の存在を暴露する。

レヴィナスというインスピレーションによって、リオタールはカントより一歩先へ進むのと同じ動きで、カントから離れ、あるいは異質性をさらに推し進めたが、逆説的にカントへと回帰する。この回帰は、リオタールが規制的なものの通約不能性を考えるために、〈法〉が無条件の純粋形態であるがゆえに、正しい位置で内容を決定しうるのは反省的判断のみであることを強調する

(51) J.-F. Lyotard, « Les droits de l'Autre », *supra*, p. 124.〔本書、一六八頁〕
(52) *Ibid.*, p. 127.〔本書、一七三頁〕
(53) *Ibid.*, p. 125.〔本書、一七〇頁〕
(54) J.-F. Lyotard, « L'autre dans les énoncés prescriptifs et le problème de l'autonomie », *supra*, p. 107.〔本書、一四四頁〕

動きにおいて、すでに感じられる。しかし、様々な合理性の重要な言説的体制が複数存在することを認めることが問題となって以来、その規模はさらなる広がりを見せる。したがって、カントの回帰はすぐれてカントへの回帰でもある。というのも、厳密に規制文の他律を考えうるのは、各々特殊な合理性をもつ秩序あるいは言説の種類のなかに、各々のタイプの文が従う言説の法に基づいて、一貫した異質性を維持していることを条件とする場合のみであるからだ。だが、それらの一貫性を了解することとは、認知的なものの価値を貶すことで満足するのとはまったく異なり、特殊な正しさ（あるいは正義）をもつ諸秩序が存在するとパスカルあるいはカント的な仕方で考えることだ。それはレヴィナスを離れることである。

レヴィナスという迂回によって、リオタールは別の聴取、つまりカントの思惟のより生き生きとした聴取へとふたたび導かれる。この思惟は、『正しくは』(*Au juste*)における〈しなければならない〉と〈あなたは為すべし〉とのあいだの領域的差異の発見によって、すでに示されている。『文の抗争』とともに、「レヴィナスの論理」の航跡をたどって、リオタールは文のタイプのあいだの差異を思惟しようとする。それは、〈正しくあれ！〉がもつ諸々の語義同士の、現実的な差異である。この〈正しくあれ！〉というメタ規制文は「他者の諸権利」において倫理と司法－政治的なもののあいだに見たのと同じ仕方で考えられるわけではない。

しかし、リオタールが他律においてあらゆる思惟の導きの糸を認める瞬間から、そして同時にあらゆる思惟の存在様態でありモデルでもある倫理から、彼の哲学的洗練の新たな動きが生み出される。もはや、自律批判とともに規制的なものと認知的なものとの異質性を認めることではなく、いまや複数の他律のあいだの異質性を認めることが問題なのだ。

複数の〈他者たち〉、他律の統語法の複数の語義が存在する。したがって、〈他者〉による把握を導きの糸として一般化すること、したがってレヴィナスによる発見の拡張を条件としてこそ、リオタールは——もはや倫理という領域のみに他律を保持するのではなく——カントのやり方で、他律の語りを異なる仕方で変化させる正義の秩序の複数性を思惟するのである。だからこそリオタールは、両思惟を交叉させることで本当はそれらから離れることによって、レヴィナスとカントを同時にみずからに要求するのである。こうして彼は脱線、負債、ニュアンスの技法を実践する。そのスローガンは、〈ともに〉と同時に〈反して〉をつねに生み出すことにある。

「知とは別様に」と題した、彼がレヴィナスとともに行った会話は、その生き生きとした証言である。レヴィナスにとって〈他人〉の顔への、あるいはその痕跡への義務の他律は、〈存在への固執〉《コナトゥス・エッセンディ》、自己の享受、そして（スピノザ流の）〈存在への固執〉に閉じこもって存在することという最初の自律への侵入を行う。この自律とは、すでに先行して存在し、全能の印をもち、前反省的で、あらゆる反省的跳躍を行う以前の自律、すなわち「すでに存在することの自己性、あるいは根源的エゴイスム」[55]である。他人の他性による侵入は、主体を目覚めさせて私として選ぶために、この自己性を揺るがし、人格と市民の仮面から顔を裸出させることで、主体に起源をもたない核分裂と分割を生じさせ、主体をその存在－論から解放する——そして他方、この主体が他人に責任をもつのである。私を求め、私に命令を下す〈他者〉が存在することをまず教える学校の暴力の正当な理性は、私に他人に応答するよう求め、私を責任あるものと定め、この意味で、私を純粋な自我の閉域から救う。しかしまさしくリオタールは、「知とは別様に」においてレヴィナスへ向けられた最初の問いで、（自律／他律という）論理的のみならず時系列的な時間的規定への強い反駁を定式化した。というのもレヴィナスにとって、幼年期はすでにコナトゥスの時間となるからである。反対にリオタールは、幼年期とは他律の時間あるいは状態であり、成熟期に固有の同一化の強迫とは完全に対照的である、分裂の「瞬間」、あるいは命令の痕跡であると主張する。

述べられるべきは何か。それは自律が最初のものではないということ、そして複数の他律が存在するということだ。受動性が最初のものである瞬間から、「不在における他者の現前が自己の中心にすでに書き込まれて」おり、他律の瞬間は存在せず、他律こそが最初のものであり、言ってみれば構成的なものである[56]。自律は〈存在〉の瞬間ではなく、〈存在〉と名づけられた瞬間の事実であり、自律は中断し柵を取り払うべきであるような一貫性をもたない。義務の他律はむしろ存在の偽物に侵入し、あらゆる部品から物象化された同一性を打ち立て、同一化の強迫のまがいものを生み出す。自己への閉じこもり、自閉が始められるのではない。このことから、本当は、他律は原初的、根源的であり、そして諸々の他律のあいだにある、複数の非常に様々で異質な語義、それらの他律に同一で共通の尺度（諸々の他律であることという共有された事実）では通約不能な語義に基づく他律しか存在しないのである。つまり、幼年期の命令はすでに分裂であり、倫理の義務であり、他人への責任の自我における分割である。こう言ってよければ、二つの「善き」他律は同じ仕方で、すべての誤った同形性に対立している。もし私たちが、「〈他者〉の諸権利」においてすでに論理的他律の様態と司法‐政治的様態のあいだの差異を見て取るならば、「知とは別様に」は二つの異なる他律の差異を暴いている。つまり、幼年期とすべての時間を凍り付かせる幼年期の命令と（私たち成人が同一化の強迫に依存することを許すことで、論理的時間ないし状態こそが、成熟期の甲冑の防御を破り、人生の全年齢を凍り付かせる。だからこそリオタールは後に幼年期の負債について語るのだ）、そしてそれとはまったく異なる、倫理的義務、あるいは〈法〉との差異である。それらの他律はどちらも他律の統語法の存在を共有しており、異質性における、あるいは——リオタールが後にそれらの抗争を展開することになる——ばらばらの奇妙なものにおける永続的闘争のなかに見出される。同じ幼年期《インファンティア》が、次のものを両価的な仕方で意味するがゆえに奇妙さ（異邦化）はさらに増している。つまり、一方でそれは、他者を黙らせ、最初の権利、すなわち「他者の諸権利」において見られるように発話《パロール》の権利を他者から取り去る際に、他者が投げ込まれて無化される幼年期であり、他方でそれは、反対に「知とは別様に」にお

（55）J.-F. Lyotard, « Autrement que savoir », *supra*, p. 79.〔本書、一〇六頁〕
（56）*Ibid.*, p. 75–76.〔本書、一〇二頁〕

いて見られるように、私たちがそこに投げ込まれていない際に、(「大人」としてではなく)一人称で「促された」ときでも沈黙する権利、そして今度は正当な資格で対話を拒むものの秘密を暴露することなく「彼の」文、彼がみずから語る仕方を自分自身で見出すことを求める権利を表象するものである。他律は多数であり、そうした他律こそが正当な抗争へと最も関係しているのである。それは、『文の抗争』の冒頭から言表される抗争であり、抗争の概念装置と呼ぶべきものの二つの鍵語のうちの一つである。つまり、「係争とは異なり、抗争とは、(少なくとも)二人の当事者間で、両者の議論〔あるいは語彙〕に適用可能な判断規則がないために、公平に決着をつけることができないような争いの場合である。一方が正当であっても、他方がそうでないことにはならない[57]」。この状況は歪曲の可能性へと、これら両議論の語彙あるいは第三の語彙の規則に従って裁定する行為へと通じている。しかし、これらの多様でばらばらな他律のあいだの抗争は多数である。そのことは、リオタールが二人の〈他者たち〉と名づけることになるもの、すなわち倫理的義務の他者と、芸術において執筆し創作することを命令的な仕方で強いる他者、つまりリオタールが〈何か〉と名づけることになる他者との差異を主張する仕方に現れている。これと似通った意味において、テクスト「刃の混乱」のなかで、ハムレットがこの特異な他律によって、「何か」の影響下にあったと主張する。「私は自分のなかにすべてを明らかにする何かをもっている[58]」。

リオタールの思想があるとすれば、それはレヴィナス思想から離れたところからの彼の思想の捉え直しと転回という動きにこそある。レヴィナスは、〈他人〉の顔——後には顔の痕跡——が著作の最初かつ最後の語である、『存在の彼方へ』において〈存在〉を罷免することで、他人への話しかけを中心とする超倫理的な哲学を洗練させている。他者への義務は啓示のラディカルさであり、知と同じく信仰に属している（レヴィナス思想の普遍主義的パラダイムとその哲学という資格はそこにある）。そして、この義務のみが神的啓示への信仰の可能性を――そこから切り離されていることが可能である一方で――理解可能にする。反対にリオタールは〈他者〉への関係を〈他人〉への話しかけの関係から解放する（それは諸々の文のうちの一つ、倫理的な文を表象する）。〈他者〉としての〈他者〉へのこの関係の解放によってこそ、彼はこの関係を複数の語義に基づいて述べられる普遍的統語法と為す。

ここから、他者論的理性批判のための彼の諸命題が生まれる。(59) しかしさらに、決定的であると

---

(57) J.-F. Lyotard, *Le Différend, op. cit.*, p. 9.〔リオタール『文の抗争』、前掲書、序文I頁〕

(58) J.-F. Lyotard, « La confusion des lames », *supra*, p. 119.〔本書、一七六頁〕

(59) 「〈他者論的理性批判〉を書きうるかを検討するのは興味深いでしょう。いままさに立ち会っているのだから、それは本質的なことでしょう〔…〕、それは結局、他人という理念を、検討することなく――むしろ許されるならば、想起《アナムネーズ》なく、と言いましょう――受け入れることです。それは、今日の思考の主要な問いを構成するものとしての理念です。」Willem van Reijen et Dick Veerman, « Échange avec Jean-François Lyotard », *Jean-François Lyotard, Réécrire la postmodernité, Les Cahiers philosophiques de Lille*, n° 5, Presses universitaires de Lille III, 1988, p. 97–98.

同時に繊細な分節化において、彼の全哲学を描き出すに至るものが生じる。つまり、彼が〈ことが起きるか〉と呼ぶものと〈あなたは到来するか〉と呼ぶものとのあいだに作動させる区別である。リオタールがレヴィナスから――しかしレヴィナスからの脱線によって――思考するのは、〈存在〉とは〈他者〉であり、〈存在するとは別様に〉はハイデガーが〈存在〉によって志向したものの正しい表現であるということだ。生じた事態とは他性である。リオタールはここで、他人の他性から存在の他性の意味を区別しようとする。彼の概念的発明、彼の哲学全体の語彙的特徴は、二者の境界線としての血縁関係に対し、用心し注意することとして書き出すことができる。彼自身、それまで気づかれなかったこの区別を用いたと告白している。したがって、『痕跡』（*Traces*）誌におけるジャン＝ミシェル・サランスキとの対談において、リオタールは『文の抗争』の中心的な観念を次のように説明する。彼が言うには、その観念は二つの結びついた問い、非常に異なるにもかかわらず互いに、あるいは親密に結びついた問いに関わる。つまり、〈あなたは到来するか〉、あるいは人称的な〈彼〉を伴う〈彼は到来するか〉という問いと、(60) 他方、〈あなたは到来するか〉なる問いが包括し決定するにもかかわらず、(61) それ自身では他人ではなく出来事の問いである、もはや人称代名詞の意味をもたない〈ことが起きるか〉という問いである。そしてリオタールは、『文の抗争』について述べながら次のように付け加える。「もしそれが〈あなたは到来するか〉なら、レヴィナスがすべてを述べていたので、私はあえてこの本一冊を書くことはしなかったでしょう。しかし、〈……ということが起きるか〉であるなら、出来事は主体ではないので、それは出来事が人間を必要としないことを意味しています。これが出来事が〈あなた〉を予期しないと述べる時に私が表現しようとしたことです。したがって、こう述べてよければ私はレヴィナス主義者であるよりはスピノザ主義者であると感じるのです」[62]。この差異は本質的であり、脇道にそれて、リオタール思想において〈ことが起きるか〉が〈あなたは到来するか〉の仮面であると強制的に主張するのは誤りであることになる。むしろリオタールのこの明白な主張に従うべきである。つまり、存在の出来事は他者の出来事であり、他人の出来事ではない。スピノザであることを求めつつも、自閉するコナトゥス、その生－への－存在の執着に与するわけではまったくなく、むしろ〈存在〉の出来事としての解釈において、リオタールはレヴィナス的な視野からあまり遠く離れないまま、レヴィナスのアプローチが明白に離別する二人の思想家の名の下に出来事の思惟を位置づけるのだ。それはスピノザとハイデガーであり[63]、その各々は自己の存在（生－への－存在、あるいは死－への－存在）とは、〈存在〉の執着とはまったく異なる仕方で、出来事（ハイデガーのEreignis）の方から解釈される。〈あなたは到来するか〉と〈ことが起きるか〉と

（60）J.-F. Lyotard, « Entretien avec J.-M. Salanskis », *Traces*, n° 11, p. 13.
（61）*Ibid.*
（62）*Ibid.*, p. 19.
（63）J.-F. Lyotard, « Logique de Levinas », *supra*, p. 37–38.〔本書、四四頁〕

いう二つの他律の統語法の区別は、いまや〈同〉のパラダイムから解放された存在論という資源に関する明白な抗争を内包している。出来事は、それでもやはり〈存在〉の名にほかならない。というのも、他性の印に打たれてこの〈存在〉という名が分裂すること、それは、〈存在〉がそれ自身において妨害された名であり、つねに暗示において見出されるが、印を失いつつその印によって、人称的他性を伴って、この他性の境界線に位置するからである。

しかし、そのことがリオタールの哲学についての事実なら、彼はつねに次のもののあいだの動揺と緊張の動きへと与している。一方でそれは、かの〈存在するとは別様に〉を、問題の底なき底を表象するものとしての存在者の〈存在〉の新たな名とすることで、ハイデガーの（後期ハイデガーの）用語を用いようとする傾向（そしてその試み）であり、他方でそれは語用論的な解決である。後者は、あらゆるメタ言語を拒むウィトゲンシュタイン的、あるいは古くはアリストテレス的と呼びうる視野において、〈他者としての〈他者〉〉が、この〈存在〉としての〈存在〉という特有の性格をもつアリストテレス的様態の下で、いまだそれ自身様相性であり、他者であるものの語義の一つであると主張する。つまり後者において〈他者としての〈他者〉〉とは、一つの「として」であり、最終審級における統語法そのものではなく他律の一側面ないし一語義である。リオタール哲学が両者のあいだを動くのは、ハイデガーへの強い準拠と、それに全面的に対立するウィトゲンシュタインへの強い準拠のあいだでためらうからである。後者は、パスカル的あるいはカント的な仕方で、互いに異質で通約不能な諸秩序の哲学——ただし諸秩序が、互いの通約不能性を従属させる諸秩序のなかの一つの秩序、一つのヒエラルキー、一つの原理に従うことはない――への準拠である。

この動きは彼の全哲学に絶えず存在することになる。彼の全哲学は次の二者のあいだの往復運動を描き出す。一方でそれは〈他者〉への還元であり、それが結果としてレヴィナスの言う分離の潜在力をすべて中断しながら、必然的にふたたび〈存在するとは別様に〉を〈存在〉そのものへと導くことがないのかと私たちは自問することができる。他方でそれは、正義の諸秩序、ヒエラルキーなき諸秩序の多様性であり、つまりは諸々の特殊な他律の多様性を主張することで、レヴィナスから距離をとるというまったく異なる方法であり、この方法においては出来事という他律が、倫理や幼年期のそれとまったく同じく、たんに諸々の他律のなかの一つにすぎない。リオタール哲学の実情とは、いまや絶え間ない揺れ動きの運動であり、他律の複数性を活用変化させるじつに異なる二つの仕方の緊張である。一方の道を行けば、抽象的で非人称的な〈他者〉が鍵として主張されるが、他方の道を行けば、この鍵はいかなる種類の特権ももたず、文の諸秩序のあいだの一種の無始原に基づく。というのも、抽象的な〈他者〉があらゆる他性の統語法であると述べることで、まさしく〈他者〉をふたたび〈他者〉という〈一者〉へと導く危険があるのではないかと思われるからだ。

この視点からは、「知とは別様に」において倫理と存在論の関係について行われた、リオタールからレヴィナスに向けられた二番目の問いを指し示す対話は、それに続くすべての対話を貫く議論を含むが、リオタール思想の「ハイデガー・モーメント」と呼びうるものについて非常に有益な資料である。私たちはその複雑性についてふたたび取り戻さねばならない。それは、幼年期の他律がその諸表現の一つ、明証性の一つであるのだが、自己と時間の関係を事実的自己と同一視することが、フッサールとハイデガーが理論化するようには不可能であるということに関する。この時間的な間《ま》への関係は、出来事の問い、すなわち〈ことが起きるか〉に関わるのとまったく同じように、〈あなたは到来するか〉というユダヤ思想の中心にあり、したがって二つの問いのうち他性が第一のものである。(64)

リオタールはいまや、〈存在するとは別様に〉がある意味で一つの〈存在者とは別様に〉、存在者でないもの、つまりまさしくハイデガーがそう考えたような〈存在〉であるということをほのめかしつつ、レヴィナスに、〈存在するとは別様に〉としての〈他者〉の思惟とハイデガーによる〈存在〉の思惟とのあいだの親近性、リオタールにとっては疑うべくもない親近性を認めるよう求めている。したがって、レヴィナスの〈他者〉の定式は倫理的である（他人－への－責任）と同様に存在論的であることになる。リオタールによれば、この点についてのレヴィナスとハイデガーの思想の歩みの親近性は、ハイデガーが、非ユダヤ的、ギリシア的存在論という名の下で翻訳しようと試みたユダヤ的源泉をもつ思想を奪い去る動きにおいて、〈他者〉を〈存在〉へと馴化させた（中性化させた）ことにある。(65)彼は〈存在〉を〈他者〉と取り替えたが、間違いなく同じ場が問題になっていることになる。

注目すべきは、レヴィナスの返答が「私はそのアプローチを排除しませんが、形式的なものにすぎないのではないかと危惧しています」[66]と宣言することで、〈存在するとは別様に〉が倫理的、もっぱら倫理的であり、何らかの（倫理が卓越した一つの事例にすぎないような）〈他者〉の存在論に関わるものではまったくないという彼の思想に固有の語彙に戻ることにあり、ユダヤ思想（とレヴィナス哲学）とハイデガー存在論とをリオタールがそう働きかけたように近づけることから巧妙に、かつ断固として手を切ることにあったということだ。

しかし、リオタール思想のハイデガー・モーメントの最も重要な点は、リオタールが別の視角からさらなる問いを投げかけることで、あきらめず繰り返したということにある。今度はリオタールは、ハイデガーとレヴィナスとの根底的な差異を強調する。〈存在〉の名から〈他者〉の名への移行において、重要な差異が存在するのは、「ハイデガーに欠けているのは、まさに〈啓示〉である」[67]からであり、ここではレヴィナスはハイデガーから離れているように思われる。リオタールはユダヤの神、解放の神であるこの絶対的〈他者〉の〈啓示〉を、ハイデガーの対極に位置づ

（64） J.-F. Lyotard, « Entretien avec J.-M. Salanskis », *Traces*, n° 11, p. 13.
（65） J.-F. Lyotard, « Autrement que savoir », *supra*, p. 77–78.〔本書、一〇五頁〕
（66） *Ibid.*, p. 79.〔本書、一〇七頁〕
（67） *Ibid.*, p. 82.〔本書、一一〇頁〕

ける。しかし、私たちがさらに近くからリオタールを読むなら、この第二のアプローチもやはり特異である。倫理的文を格下げするのはもはや存在論的文ではなく、宗教的あるいは神学的文なのだ。リオタールによる、（ポール・ヴァレリーがこの語に付与した、〔理解のための〕作品内容の加工という意味での）「操作」がここで明らかに現れている。というのも、彼はレヴィナス哲学をハイデガー哲学から引き離しているように見せつつ、それを新たに巧みに宗教的あるいは神学的文へと近づけているからだ。

実際、ここにこそ抽象的〈他者〉の存在論の、他人との倫理的関係に対する優越性をふたたび確証する新たな仕方が存する。だからこそ、ハイデガーの言う〈存在〉の呼び声の非人称性をユダヤ的神の把握不能な呼び声へと強く結び付け、それらを同一でないとしても、少なくとも類似した位置を占めさせる――問いを逃れ、現象学的なあらゆる期待を裏切る非人間的で非現象的な他性という位置である。なぜリオタールはこれほどまでレヴィナスを、彼が拒むにもかかわらずユダヤ的思想家と見なそうとし、それをつとに繰り返すのだろうか。神という偉大な〈他者〉のユダヤ的〈革命〉こそが、他人への責任という規制文を命ずるという考えを主張するために、レヴィナスの言う他人の哲学は、ユダヤ的神における信仰とその神への服従の跡へと書き込まれ、そして原則としてあらゆる現象学とあらゆる〈現れ〉を逃れる、現象を超えた関係へと書き込まれる。本当のところ、討議の途上、リオタールは存在的なものを超える〈存在〉の位置を、〈存在するとは別様に〉の位置から遠ざけ、または近づけるが、それはつねにそれらの到着点である歩みの近接性の主張である。このあり方を〈存在〉ないし〈他者〉と名づける主な違いはそこにあり、〈存在するとは別様に〉は〈存在者とは別様に〉よりよいかもしれず、彼が認識する諸含意において両者は重要な違いをもつ。しかしそれにもかかわらず、リオタールは次のように付け加える。「現象学は両者において(存在論的であれ「倫理的」であれ)他律に接近しえないものと捉えられているように思われます」[68]。実のところ、これが分岐点であり、〈あなたは到来するか〉に対して優越的役割をもつ〈ことが起きるか〉を〈他者〉の言説に合致させるこの接近を実行させる意図である。リオタールが〈存在〉へと過剰に近づけることによる抽象化に従って〈他者〉を考察するのと同じ推論によれば、義務を負わせる規制文はその著者の知から独立に、そして命令された内容の決定から独立に了解されなければならない。この規制文は感情に訴えることなく聴き取られなければならない。なぜなら「愛は不十分であり、不満です〔…〕。この伝統において神は、愛されるものではなく、従うものに命ずるのであり、後者はまったく異なるものです。これが責任です」[69]。

注目すべきは、レヴィナスが思考操作に気づき、それを撥ねつけることだ。リオタールの理論

(68) *Ibid.*, p. 88.〔本書、一一八頁〕
(69) *Ibid.*, p. 82.〔本書、一一〇頁〕

構築によって示されてしまうおそれのある、あらゆる哲学的な行き過ぎを解体するために、レヴィナスは体系をなす二つの主張を同時に批判する。第一にそれはリオタールによるユダヤ〈法〉の解釈についてであり、第二にそれは他人への責任とユダヤ〈法〉に基づく神の命令への信仰のあいだの先行性と優越性の形態についてである。レヴィナスにとって次の二つのことは同じように示される。つまり第一には、彼の言う他人への責任の哲学が、把握できない〈他者〉の名であるような神の〈法〉への宗教的な忠実さから生じるのではないという考えを擁護すること、そしてまた第二には、他人への責任もユダヤ〈法〉も、いかに異なる仕方であったとしてもそのいずれもが、リオタールが――レヴィナスがそれに与える区別を無視して――まったく抽象的な主張においてこだわる分析に送り返されることはないということ。レヴィナスは、そのどちらの事例についてもリオタールが形式主義に陥りかねないと主張するまでに至る。[70]

　レヴィナスが実際に主張するところによれば、適法的な規制文は、受け取られた命令を善の命令と認識させうる「命令文の性質」を示す。そしてそれはまた、内容の同一化（「この形式的関係の内容とは何か」[71]）についてと同様、送り手の認識（誰がそれを言表するのか――「問題は誰がAのかです」[72]）についての諸々の基準を示す。このことによって、服従と盲従を分けて考えること、あるいは「侮辱されることなく頭を垂れること」[73]ができる可能性が与えられるのである。だからこそレヴィナスは、それが素晴らしいものかひどいものかを知ることができない抽象的規制文、純粋命令、出来事という驚きとしての〈法〉のあらゆる解釈を解体するのである。この出来事という驚きについて、のちにリオタールは『ハイデガーと「ユダヤ人」』[74]において、ハイデガーの言う出来事（Ereignis）として定式化することになるのだが、レヴィナスはそのような解釈を解体するのである。そしてレヴィナスはここにおいて、根本的にリオタールに次のように答える。「私はけっして命令的なものを恐れているわけではありません」[75]。他人への義務は、他者への感受性、愛あるいは友愛と区別されず、また、私自身の死への不安に優越するような関心（心痛の感情）が向けられる他者の死へと〈無関心でいられない〉ことと区別されないのである。他人への義務はここで神の法、つまり「愛と命令の古典的な二項対立をふたたび問いに付すことによる、愛することの命令としての愛」[76]と合流する。〈あなたは為すべし〉が、リオタールによって単純化された仕方での（合理的かつ鈍感な／普遍化可能でない形式的な）カントの言う〈あなたは為すべし〉とい

---

(70) *Ibid.*, p. 79–80 et 85.〔本書、一〇七、一一五頁〕
(71) *Ibid.*, p. 85.〔本書、一一五頁〕
(72) *Ibid.*〔本書、一一五頁〕
(73) *Ibid.*〔本書、一一五頁〕
(74) J.-F. Lyotard, *Heidegger et « les juifs »*, *op. cit.* p. 34, p. 40–41.〔リオタール『ハイデガーと「ユダヤ人」』本間邦雄訳、藤原書店、一九九二年、四一、五九—六〇頁〕
(75) J.-F. Lyotard, « Autrement que savoir », *supra*, p. 85.〔本書、一一五頁〕
(76) *Ibid.*, p. 84.〔本書、一一三頁〕

う表象の諸特徴をふたたび帯びることができないとすれば、それは、普遍的に共有された他者への義務の関係とユダヤ的伝統が思考する神の〈法〉は――そのどちらもが――盲目的な追従を要求しないからだ。規制文は主体がそれを認識することを含んでおり、神の法それ自身は完全にこの対話の方向に（逆説的であろうとも）書き込まれているのである。レヴィナスは次のようにまとめている。「私は聖書に従いますが、聖書と一致はしません」[77]。非－知と他律の哲学は、それが（不同意の可能性を前提とするがゆえに、同意か不同意かの源泉そのもの、つまり自由の行使を前提とする）自由の同意のような何らかの知をくまなく排除するに至るほど、そう根本的ではない。

レヴィナスは、同じ動きにおいて次の二つのことを主張する。すなわち、リオタールが解するようには、義務関係が聖書的でユダヤ的な〈啓示〉への信仰に由来しないということ、そして、この義務が揺るがない不動の〈他者〉への盲目的追従ではないこと。反対に、義務関係は知でも信仰でもない――この特徴は本質的である――のだが、きわめてまれに神への信仰に「導く」ことがあり、あるいはレヴィナスが言い逃れをするがゆえにいっそう強力な定式なのだが、「ここで神は観念に到来する」のである[78]。ここで重要なのは原理的なものでも必然的帰結でもなく、他人なる現象の奇跡から出発することで、神――現象性を逃れる神――の観念がもはや思考不能だとか本当ではなさそうなものに見えないような純粋な出来事性である。この観念が思考しうる、あるいは納得しうるものに見えるのは、現象の表面への他人の出現がそう見えるのと同様である。これが〈だとしたら、なぜ神でだめなのか〉である。

レヴィナスはリオタールの第一の操作を、第二の思考操作でもあると気づく。つまり、それらが相次いで抽象化作用の影響を与えているのではないかと気づくのだ。彼はリオタールが〈法〉と〈他者〉を固定化させるのではないかと疑っている。彼が斥ける考えとは、自律モデルの乗り越えという一点において、ハイデガー哲学と彼自身の哲学が――そこで重要なのが〈存在〉であれ〈他者〉であれ――、同じ「モデル」(79)、共通の「関心」(80)を有しており、他律の送り手に同じ「位置」(81)を与えていると主張しうるとする考えである。〈他者〉を、その位置を変えることなく〈存在〉の位置におくことはできない。たしかにレヴィナスとリオタールはここで、倫理という主題については知とはまったく異なるものが重要であるとの認識を共有している。レヴィナスとリオタールが、ここで知というあり方で述べられるような事柄の所有を禁じる「「根本的な」異種構造に関わっている」(82)のだとすれば、彼らはこの点について完全に同意見である。しかしそれでもな

(77) *Ibid.*, p. 85.〔本書、一一五頁〕
(78) *Ibid.*, p. 83.〔本書、一一三頁〕
(79) *Ibid.*, p. 78.〔本書、一〇五頁〕
(80) *Ibid.*, p. 87.〔本書、一一八頁〕
(81) *Ibid.*, p. 77.〔本書、一〇四頁〕
(82) *Ibid.*, p. 89.〔本書、一二一頁〕

お両者の異質性は決定づけられているということを認めなければならない。倫理に固有な他律、「経験」でない他者への近さの他律は、あらゆる知を排除するのではなく、盲目的信仰に還元するのを拒むのであれば、他律から理解され受け取られる責任の中心においては、他律との一致の自由な表現を排除するわけではないということを認めなければならないのである。[83]「知」と「自由」の余白が存在するとしても、知のヘゲモニー的秩序からの他律の解放も、自律モデルによる再我有化からの独立も損なわれることがない。レヴィナスがきわめて正確に述べるように、それは強調点の問題である。同様にレヴィナスは、リオタールがユダヤ思想に帰す唐突な性格づけの表象において、そしてそれに続く、レヴィナスを普遍的哲学でなくユダヤ思想へと位置づける主張において、哲学的純粋主義と思われるものを斥ける。レヴィナスは次のように答える。「あらゆるこうした現象学が聖書に霊感を得ているのでしょうか。私は現象学は自由だと信じています」[84]。一方で疎外を引き起こす可能性のないユダヤ思想の上に真理を再構築しなければならないこと（これは愛の関係であり、愛において理解される責任の最も深層には愛の関係との自由な一致があるということ）と、他方で〈啓示〉への信仰を含む）聖書的伝統に対する他人への責任の現象学の自由を認めなければならないということは、同じ動きに属している。対立する歩みのあいだに形式的でしかない近似を行うような、規制文と他律の抽象化に抗うこと、ここに哲学の擁護がある。この議論を読めば、すべて同じ方向性であるレヴィナスの反論に対して、リオタールが耳を貸さなかったことは驚きを禁じえない。

たしかに、リオタールとレヴィナスの一致点の正確な表現はここにある。つまり、彼らはリオタールによって要約された強い観念を共有しており、それに従えば、哲学は——必然的にそうであるとしても——知と関連する言説のみを言うのではない。[85] 彼らは「知とは別様に」という標語を有している。しかし、この消極的なだけの規定は他方を定義するに至るものを十分正確には規定していない。彼らのあいだには、ここでまったく確かなものとなる、根底的な抗争が見られる。というのもよく確かめてみれば、レヴィナスのリオタールへの応答は、部分的にしか決然たるものではない。現象学に与えられる意味と射程についての不一致——ここにこそ討議の本質的な争点の一つがある。レヴィナスと異なり、リオタールの現象学への批判は、それがいかに断固としてそう表現されているとしても、フッサール現象学に固有の自我論の次元に向けられているというよりも、フッサールのヴァージョンの現象学的自我論はあらゆる現象学に本質的な欠陥の症状であり、そうした現象学による他人の出現を前にした失敗は、もっとも目につく側面を表象しているにすぎないということにこそ向けられているのである。それによればむしろ、さらにラディ

(83) *Ibid.*, p. 79–80.〔本書、一〇七頁〕
(84) *Ibid.*, p. 84.〔本書、一一三頁〕
(85) *Ibid.*, p. 89.〔本書、一二〇頁〕

カルに言えば、現象学の誤りは、現れの限界に現れないものの現象学が存在するかのように、現象的なものを手放すことなく他人を把握する可能性を主張することにあり、また、途方もない野望によって現象に終始していると言い張ること、諸現象からあらゆる印を剝ぎ取ったと信じていること、諸現象が無垢な状態ではどのように現前するかを主張することにある。レヴィナスの顔の思考が、把握不能でありつつ把握する神への宗教的信仰、ユダヤ的伝統に由来する信仰にその根をもたないということが否定しがたいとしてもなお、レヴィナスがそれを告白したがらないだけにより強い相関関係があることになろう。顔の哲学を命じる宗教思想的原理へのたんなる服従関係が問われているのではないにせよ、この哲学的真理は背後的思想なしに見出されうるというのだろうか。それは、現象的なものの彼方へとすでに位置することなく見出されうるというのだろうか。レヴィナスによる顔の現象学はおそらく、みずからの限界で働く現象学であり、あらゆる宗教性への関係から解き放たれているとそれ自身によって価値づけられているが、〈啓示〉の思想と一致協力し、互いに相通じる途上で力強く反転することのできる関係を結ぶのではないか。フッサールが現象学的でありうる問いとしての宗教的なものについての問いに無自覚であったのではない、と主張して彼を擁護するレヴィナスの言葉は、自明な仕方でそれを証言している。つまり、レヴィナスがフッサールについて「彼は他人への道を根源的とは考えなかったからこそ〈啓示〉をもたなかったのです[86]」と主張するや否や、顔の哲学と〈啓示〉への信仰とが乖離しているというレヴィナスの宣言と相矛盾することになる。たしかに信仰には属していないというこの前提条件の欠如が、いわばここでは〈啓示〉へと関係をもたないことを説明する原因、決然たる理由であるとしても、いかに顔の哲学が〈啓示〉への信仰と明別されても、そう帰結することは可能であるということになる。彼の意に反して、かの文言によって、レヴィナスは、それらが互いに帰結すること、あるいは非常に強力な傾向性をもつことを認めているのではないか。結局は他人への根源的な道を認めることになるのであれば、宗教的信仰を阻むものはあらかた取り除かれていることになる！　そうだとすれば、リオタールとともに次のように述べることができるのではないか。すなわち、他人への根源的な道を採用するや否や非現象的な一歩が踏み出されると、そして、関係は信仰へと強く傾いているがゆえに、そう見えるほどには自由ではないと、あるいは〈他人〉の外在性という哲学的真理と把握できない神への宗教的信仰との関係はこのうえなく狭いが、反転可能な道であると述べることができるのではないか。レヴィナスは、他者への近さを生み出すものである限りにおいて現象性に準拠するが、この現象性が感覚可能なものへと非合法に侵入する超越的痕跡の現象性であるとすれば、そのことによって、超越的なものへの指向——他者の近さへ通じ、ユダヤ思想における〈法〉の〈啓示〉のモデルであるような指向——の観念が信用を獲得するに至るのではないのか。だからこそ、純粋な記述によって現象性を把握すること

（86）*Ibid*., p. 82.〔本書一一一頁〕

ができると考えるのは幻想であるように思われる。その痕跡を迎え入れることは、すでにして感覚可能なものとの関係なき超越的なもの、あらゆる「経験」——それが他人への近さの経験であろうと——に先行する超越的なものへの開かれを前提としている。レヴィナスによる倫理的規制文の記述文への抵抗の発見は、必然的に、他性のあらゆる純粋で現象学的な記述——たとえそれが現れないものについての記述であると主張されたとしても——への存在論的抵抗の発見でもあるはずだ。レヴィナスの発見は、すでにその探求の一つであったユダヤ思想とまったく無関係であることはないし、顔の倫理の哲学がはじめから、ギリシア的理性とユダヤ的啓示との混合に取りつかれていたと認めたとしても、それは哲学という性質を失うことはない。哲学が普遍的であるのは、あらゆるつながりを断つためではなく、その内的対話を擁護するためである。ユダヤ思想とギリシア哲学によって、私たちは諸現象の方向づけを発見することができるのだが、それらの混合を了解しようとすれば、現象学であることをやめなければならないのか。

リオタールとレヴィナスのあいだの真の抗争において重要な点は、レヴィナスが力強く否定するにもかかわらず、リオタールがレヴィナスを「ユダヤ的思想家」と名づけようとする頑固さである。レヴィナスは、存在神学的な再我有化をくまなく忌避しようとしていたこととパラレルに、あらゆる責務から自由な哲学を要請している。しかしリオタールは、レヴィナス思想の普遍的価値とその哲学という資格を否定すること、あるいは石化した同一性のうちに位置づけること——それは事実、リオタールのアプローチの精神に対立し、そのあらゆる特性とそぐわない——を望んでいたわけではけっしてなく、レヴィナスにおいてユダヤ思想の深みとその西洋哲学との抗争を認めることにこだわっているのである。というのも、リオタールの精神において「ユダヤ的思想家」は、普遍的地平の価値を狭める宗教または共同体の特殊性に属していることを指し示すのではなく、〈他者〉に中心化された、他所に由来する哲学的語彙による方向づけを指し示す表現である。この語彙の適切さは、主たるバージョンの西洋哲学——リオタールがまったく〈同〉、調停、達成という権威のもとにあると想定するもの——のイディオムと、なんと言われようが現象学が逃れえない企図とに真っ向から、両立できない仕方で対立していることにある。

真の困難は別にあり、それは様々なレベルで、両思想家に関わっている。それは次の問いに結晶化する。それは、リオタールがこのテクストで明示しているように[87]、ハイデガーの語法——他方、レヴィナスもまた擁護する語法（「彼は私たちの哲学的言語を決定づけたのです！」[88]）——を用いて、ハイデガー思想を参照することから、〈他者〉を存在論と接近させることは妥当かという問いである。たしかに、リオタールは規制的なものと記述的なものの通約不可能性という純粋さ

（87）『文の抗争』（§173）において、リオタールは〈存在〉と〈他者〉のあいだの近さについて、ここで彼が主張する視点とは食い違った主張を行うことになる。〔リオタール『文の抗争』、前掲書、二四一頁〕

（88）J.-F. Lyotard, « Autrement que savoir », *supra*, p. 80.〔本書、一〇七頁〕

について激しく強調することで、あらゆる知から諸々の基準を奪おうとする傾向を強く帯びている。しかしおそらくそれは、同じ遺産を共有していることから、レヴィナス思想自身に内在する傾向の一つを表象してもいる。しかし、最小の知、貧しく曖昧な知は、受け手が規制文という価値についての何らかの観念をもつために必要でありつづけるのではないか。そして、レヴィナスがリオタールの横滑りを食い止めることができるとすれば、彼自身が〈知とは別様に〉というラディカルすぎる布置のいくばくかを改めることによってではないか。ある意味で、レヴィナス自身がおそらく誇張法を用いすぎたのである。

いずれにせよ、リオタールについて、ハイデガーへの参照は彼の発見を明確化するのか、それともまったく反対に、彼の発見の幅を狭めるのかという問いが丸ごと残っている。文の曖昧さの語用論と命令の哲学は、未規定性における〈存在〉の存在論の覇権へと追従することに勝るべきではないか。リオタールはここで綱の上でバランスを取りながら思考している。リオタールの著作の仕事はそれについて不安に思い続けるあまり、文の無始原の優越を評価するために思弁的な議論の領域を脱することになる。この著作は、文の諸々の親縁性を混同し、存在論の統語法であろうが倫理のそれであろうが、すべてに専一的な統語法を課すことにおいて存在するリスク（そして危険性）につねに自覚的であろう。しかし彼が閾に留まり続けるとすれば、ハイデガー存在論へのいや増す妄信を離れることになる。というのも、他律そのものの教義に陥らないために、そして――『社会主義か野蛮か』においてクロード・ルフォールを信奉していたとき以来、彼の全体主義に抗する政治的経験の全体がそのことを物語っているように——〈一者の名〉のとりこにならないためには、諸々の文——それらのあいだに共通のものがあったとしても、異なる合理性に従い、階層秩序をもたずに存在する文——の命令の多数性という条件の下に他律を位置づけなければならないからである。[89] それらが交差するなかで、おそらくこの点について、〈他者という一者〉への覇権的な隷従を失敗する、緊迫した主体が出現する。この衝突点において、主体は責任を負う。状況に即して省察する判断の価値の強調、そして、保証と確実性の指標の消失とのあいだの宙づり状態に置かれた曖昧な主体の実存の価値に置かれた強調こそが、間違いなく、リオタール哲学におけるもっとも優れた挙措である。精神は、諸々の他性の抗争についての緊急事態につねにあり続けるべきであり、諸々の文の戦争の正しさを認めるべきであり、緊張状態に留まる

(89)「次の諸現象の理由を注意深く切り離さなければならない。政治体制を正当化する理由、その特異性を支持しうる理由、ある著作を賞賛すべきものとする理由、そしてまた、義務と負債を生じさせる理由。それらの切り離しは批判的合理主義が行うことである」(J.-F. Lyotard, *Le Postmoderne expliqué aux enfants*, Paris, Galilée, 2005, p. 108–109.〔リオタール『ポストモダン通信——こどもたちへの10の手紙』管啓次郎訳、朝日出版社、一九八六年、一二〇頁〕);「アリストテレスが存在が多様に語られると述べたように、合理性は理性が多様であることを認める場合にのみ合理的である」(J.-F. Lyotard, *Moralités postmodernes*, Paris, Galilée, 1993, p. 115.〔リオタール『リオタール寓話集』本間邦雄訳、藤原書店、一九九六年、一五四頁〕)。

べきである。というのも、抗争の解決とは、それを保持する抗争そのものでもあるからだ。

切っ先の乱れ

このような警戒から、最後に示されるテクストである「刃の乱れ」は、その簡潔な美文のなかで、抗争のもつれへと、虚飾と決定不可能性との多義性へと着目することによって、〈他者〉の厚みの前に据え置かれた眩暈の範例である。この厚みは、私たちから逃れるがゆえに、それを把握するための筋立てを放棄すべき瞬間が訪れる。私たちは、文学の至上の技法と比べて、言語的にであれ論理的にであれ、いかにそのモデル化が薄弱かを発見する。隠喩による明白な事実に屈する限り、真理の形象を欠き、形象とともに、形象化しがたいものの抵抗力を欠いてしまう。他人というモナドの襞《ひだ》は、運命的で計算的な必然性にあらかじめ書き込まれておらず、無限なのである。

「刃の乱れ」という題の短いテクストは、『ハムレット』の最後のシーン、ハムレットとレアティーズの決闘をふたたび描いている。この決闘は、奇妙な鏡像関係を明らかにする。「運命の一致、二人の息子たちの対称性」である。[90] そこではハムレットは父の仇討ちとオフィーリアとの結婚という義務を完遂できないが、レアティーズは誤って暗殺された父ポローニアスと、棄てられて狂気に堕ちた妹オフィーリアの仇討ちを行う。決闘でレアティーズはハムレットに立ち向かう。ハムレットが失敗した義務を完遂するのは彼なのだ。両刃の審判によって争いは裁かれ、間違いは正され、ハムレットによってレアティーズに為された侮辱、父を貫き、妹を狂気に堕とした侮辱は癒される。

ハムレットは、あらゆる義務の達成ができない者、無気力な者を彼に演じさせたこの苦しみを、いわば妬んでいる。彼はいわばレアティーズに、鏡に映った顔を見ている。レアティーズは彼の苦痛を見せ、把握させ、最後には証明する。レアティーズを介して、彼はふたたび痛みを感じるようになる。嫉妬において、嫉妬によって。彼はいわばレアティーズの苦しみを苦しんでおり、彼のうめき声を感じたいのだ。「私の立場を鏡に映せば、彼の肖像が見える」。私の嘆きは彼のものだ。私が彼の言い分を無視すれば、私は私の言い分を見誤る。王子は論じる。さらにとりわけ鏡の像において、レアティーズの同じ苦しみと非難のなかに、彼自身の苦しみを見て取る[91]」。「彼らの情動の通貨単位は完全な互換性をもつ[92]」とリオタールは翻訳している。

(90) J.-F. Lyotard, « La confusion des lames », *supra*, p. 130.〔本書、一七六頁〕
(91) *Ibid.*〔本書、一七六頁〕
(92) *Ibid.*〔本書、一七七頁〕

ところが、鏡像関係は、多くの点でそもそもの間違いを見せつけている。対称性はまったくもって、外に通じていない飾り窓なのだ。

レアティーズはそれに同情する。ハムレットの方の誤りを被っているのは彼なのだ。ことは明らかであり、抗争は処理可能であり、したがって、果たし合いによる解決という判決を言い渡す法廷によって癒しうる。神が裁きを与えることになる。ハムレットは、彼はまったく関わっていないと主張する。「雄弁な詭弁家《ソフィスト》」である彼は、この何かの咎を拒否する。それによって彼は無気力と化し、生ける屍にさせられたのであり、彼の右腕はこの不可解な力に手を貸しただけだ。彼は不当にも、自分を被害を受けた側に位置づける。もはや何も感じないという不当な被害を被った被害者は彼であり、被害を受けたのは彼なのだ！　彼が弁明し、みずからを被害者化し、見せかけの抗争をなすあらゆるレトリックは、彼の影分身を煽る。「レアティーズに与えられた不当な被害は消え去ってしまう！　それは「何かが」、秘密の何かが彼に課す過ちでしかないと考えるべきだ。「私は自分のなかにすべてを明らかにする何かをもっている」[93]。ハムレットは〈何か〉に責任を転嫁し、あらゆる責任を否認する。彼がレアティーズとの抗争において、誤りを犯していることは明らかだ。彼は義務を負わせる規制文に叛き、責任から逃れられず、才気を見せつけることもできない。彼はレアティーズのそれと異なる、通約不可能な語彙で話しているかのように装う。

彼は本当のことを言っている。彼は軛に繋がれているのだ。というのも、彼は義務とはまったく異なる〈他者〉によって命じられ、そのうえ要求されているのだから。「幽霊は主張しなければならない」[94]と、リオタールは書いている。彼に向けられた義務は、あまりに霊的で、弱く、おぼろげであり、主体を打ちのめすものと比べて重みを欠いている。義務は彼の魂には届かず、また長く留まることがない。「この心は掟ではない何かに取りつかれ、何かの虜になり、何かに息がつまっていたということだ。ハムレットはこの現れを「何か」と名づける。父の命令よりもずっと彼の思考に内在的なこの何かは、事実、息子に憑依する。この危険な何かは明瞭に話すことなく、おそらく何も言わず、すべての解決策を崩壊させる。その沈黙はハムレットの気を散らして迷わせ、最短時間で犯罪の報復を成し遂げるのを怠るように突き動かすのである」[95]。これはハムレットがレアティーズとまったく異なるところだ。彼はここで嘘をついていない。彼が嘘をついていたとしたら、両者の肖像の類似性を擁護することになる。

レアティーズとハムレットのあいだの非対称性は、誰の目にも明らかだ。レアティーズの肖像に欠けたものとはまさしくハムレットの他性であり、それは彼を変質させ、捕虜にするものだ。言

(93) *Ibid.*, p. 129.〔本書、一七六頁〕
(94) *Ibid.*, p. 131.〔本書、一七八頁〕
(95) *Ibid.*〔本書、一七八頁〕

い訳にはならないが、通約不可能であるがゆえに、抗争はもはや完全には手に負えるものではない。「したがって結局のところ、少なくとも部分的に同じであった両者はまったく同類ではない。一方の苦しみを当てはめた場合、他方にとっては座りが悪くなる」[96]。そこに相互性があるとしたら、それは両者それぞれから見た非対称性という相互性である。正しく言えば、鏡は存在しない。

というのも、他方から見ても、レアティーズはハムレットの肖像ではない。たとえ彼が父と妹の仇討ちの義務を果たすとしても、彼はハムレットの苦しみを一瞥することもない。それは、あまりにも大きな苦しみであるがゆえに、それをもはや感じることもなく、自分が苦しんでいることさえ知らない者の苦しみである。〈他者〉の苦しみ、〈他者〉が何者であるか、つまりまったくの他人、別様に他者である他者に敬意を払うことが欠けているがゆえに、彼はハムレットに最も大きな過ちを犯した圧政者へと、躊躇なく魂を売り、毒による殺人の反復へと手を貸してしまう。「レアティーズは激怒のあまりハムレットの鏡像を無視し、あらゆる思慮を忘れてしまったがゆえに、赦しを王子に与えるのとは裏腹に、権謀にかけてハムレットを完全に死に至らしめるために、不忠の王の奸計をあえて利用した」[97]。したがってレアティーズの顔には、ハムレットのものとはまったく合致しない特徴、つまり卑劣さが浮かんでいる。卑劣さもまた別の狂気である。レアティーズは裏切り者だと、ハムレットは告発する。「薬が効いてくるのを知ったとき、彼は叫ぶ。謀反だ。彼は回復せず、毒によって死ぬが、毒がふたたびまわるその過程は彼には関係なく不正であった」[98]。子どもの言い分だ。

二つの肖像は両者のあいだで通約不可能である。父の仇討ちの義務を果たすことのなかったハムレットは、おそらく義務を果たすよりもよくそれを行ったのだから、非類似性はなおさら消えず、抗争は解消しない。彼はうめきを苦しむままに、決定的に解消不能なままにし、自分を癒しがたい証人となす。彼が証人となるのは、侮辱を拭うもの、物語を閉じるものがない——刃の一撃でさえそうすることができない——ために、忘れることのできないものである。彼は抗争のなかに留まった。頭上にはつねに脅威が宙吊りになっている。「ハムレットは時間を無駄にしたのだろうか。反対に彼にとって、父の名誉を回復するための切迫した状況から遠ざかっているこの時間ほど貴重なものはない。彼の立場で、復讐の継続をみずからすすんで遅らせるような何かは存在しえない。〔…〕帰結を遅らせる錯乱状態に置かれてこそ、復讐は強力になる[99]」。いずれにせよ、ハムレットは行為へ至ることなく行為する。「ユダヤ的オイディプス」においてすでに、リオタールは同じシーンついて自問しながら、ハムレットが何も決定しないままに達成した決定的なことについて問うている。「オイディプスになく、ハムレットにあるものとは何か」。そして彼は答え

(96) *Ibid.*〔本書、一七八頁〕
(97) *Ibid.*, p. 130.〔本書、一七七頁〕
(98) *Ibid.*, p. 131.〔本書、一七七頁〕
(99) *Ibid.*, p. 134.〔本書、一八二頁〕

る、「それは達成しなかったということである」[100]。行為へ至らず、レアティーズの行為を見ながら、[101] ハムレットは規制文を達成しないこと、刃の一撃のみによっては消すことのできない義務、癒すことのできない過ちを達成したのである。このようにして、〈何か〉の介入は、意図せずして、義務の真理が露呈したことを強調し、このために役立ったのである。「言葉を無駄に繰り返す無力症によって仕組まれたこの「かのように」は、あらゆる能動的な計画よりもうまく真理を告げるのである」[102]。無気力、無力症は不滅の証人であり、法の不眠である。

狂気を自分の務めとし、たくらみ（*craft*）とすることで、そして、このことが知られ、（ポローニアスを殺害し、オフィーリアを狂わせた）間の悪い行為——それは間違った行為ではなく、完全に謀略され、演じられた行為なのだが——についての噂が広まることで、ハムレットは何をしたかったのか。圧政者（と彼の聴衆たち）に未来の行為を見させ、まだ到来していないがゆえにいっそう恐ろしい復讐が差し迫っていることを王にわからせること以外に、何をしたかったのか。「二、三人の無実の人を除けば、城内の人々が恐れるのは何か。それは王子の復讐ではなく、この復讐を彼が演じることなのだ。演劇性ではなく、彼のなかの演劇的なものが期限切れで燃え尽きてしまうことなのだ。この保留状態が不安を投げかけるのである」[103]。脅威を匂わせ、精神を病むほどに他者を不安にし、恐怖を引き起こすこと。このことによってハムレットは行為せずして、父に対する返済しえぬ債務状態にあった義務を達成する。彼は殺すよりも多くのことを為した——彼は生命ではなく、存在を奪った。彼は無気力な役者でありながら、ターゲットを唖然とさせる舞台上の殺人者なのだ。

　こうしてハムレットの演技が明らかになった。ハムレットの無気力とは、自分のものを含め、役柄を裏切り、展開に結びついたごまかしを打ち破る才能、問題を終結させ勘定を支払う行為を通して負債を許し水に流すことを、あらゆる仕方によって打ち破る才能を備えた無感覚なのだ。ハムレットは舞台上でのシェイクスピアである。著者のよき代弁者として、彼はカタルシスを禁じる。彼がレアティーズに「私が引き立て役となろう、レアティーズ」[104]と叫ぶとしても、レアティーズに割り当てられた役割を演じ、裏をかくこともやはり重要だ。ここにおいて、「切っ先」の乱れとして、刃の乱れと同じくセリフの応酬においても、その最も激しい交戦のなかで、多義性と決定不能という特性が示される。

（100）J.-F. Lyotard, « Œdipe juif », *Dérives à partir de Marx et Freud*, Paris, Galilée, 1994, p. 190.〔リオタール「ユダヤのオイディプス」、『漂流の思想――マルクスとフロイトからの漂流』今村仁司ほか訳、国文社、一九八七年、一九八頁〕
（101）*Ibid.*, p. 196.〔同書、二〇七―二〇八頁〕
（102）J.-F. Lyotard, « La confusion des lames », *supra*, p. 133.〔本書、一八一頁〕
（103）*Ibid.*, p. 132.〔本書、一八〇頁〕
（104）*Ibid.*, p. 134.〔本書、一八三頁〕

だからここでふたたび武器をとろう。「どちらの不幸がより大きいかという争いに決着をつけるために。二人の命は最後には完全に奪い去られ、したがって係争の決着は無期限に延期される。二人の刃はともに剣戟を制し、最後の攻撃には互いに刺し違えることになる。同じく安全装置が外され毒を盛られた剣《フルーレ》は、互いに原告たちを永遠に葬り去る。ハムレットの議論は正当なものだったのだろうか(105)」、とリオタールは書いている。ここには非場所が存在し、裁きは誤って下され、判決は不当に言い渡される。

極端さと慎重さ

「他者の諸権利」においてリオタールは「対話の能力を超えうる力は、夜と似ている(106)」と書いている。そして彼は必要であるが不可解でもある、究極の反転において、次のように付け加える。「この力は、私たちが対話によって飼いならそうとしても、〈あなた〉の形象をもたない。善でも悪でもありうる(107)」。したがって重要なのは、黙示的かつ能動的な、私が強いられる〈他者〉の隔りだけではない。この〈他者〉が私を共同体から引き離す力もまた重要だということになる。つまるところ、恐怖の光を引き起こす力――黒い裏面を見せる〈他者〉の力もまた重要なのだ。

それは〈他者〉の広がりである。その豊かさである。〈他者〉の豊かさは尺度をもたない。〈他者〉を遠ざける、訴権喪失させる（ポストモダニスム）、（純粋な自律性という理念のもとで）他者なしですます、（対話によって）馴致する、〈他者〉に自己同一化する、と言い張ることは、誰にもできない。追放や偶像化も同じことに帰着する。この二つが先入見として同じ道に逢着するとすれば、それは、過ちとは自身のみによって自己正当化することにあるからだ。このことは、〈他者〉なき自律性を標榜すること、または反対に〈他者〉であることを要求し、〈他者〉に同一化し、〈他者〉の名という至高の名を騙り、判決を下すことを正当化することと同じくらい重大な過ちである。「サン゠ジュストは〈他者〉の名の下に法を制定することで、最初の全体主義的恐怖による統治を行ったのである[108]」。

得意顔で〈他者〉の同一化を行う方法はたしかにある。しかし、リオタールの思想が私たちに自律性を警告し、他律の価値について忠告しているとすれば、その際けっして慎重さを欠くことがない。この慎重さは、他律の多様性を明らかにすることにおいて言表される。この数え上げることができない諸々の他律は、同一の名に単一化されることも、至高の階層性に従って命令され

（105）*Ibid.*, p. 130.〔本書、一七六頁〕
（106）J.-F. Lyotard, « Les droits de l'Autre », *supra*, p. 126.〔本書、一七一頁〕
（107）*Ibid.*〔本書、一七一頁〕
（108）*Ibid.*〔本書、一七一―一七二頁〕

ることもありえない。おそらくリオタールは、傾向として自律性からあらゆる価値を剝ぎ取ろうとしつつ、この意味では語気を緩めている。さらにこのことについて離接と接合とを考えるべきだろう。リオタールは、言葉にすべきではない名をもつ〈他者〉へと場を与えることの、あらゆるありうる迷い道についてもやはり、警鐘を鳴らしていたことになるだろう。

法＝権利を超えて警告する命令の審級を解釈しなければならない。『文の抗争』では次のように述べられている。「人間はこの命令の審級に適した名ではないし、法＝権利はこの審級が優先される根拠となる権威の名ではない。〈他者〉の権利もこれとほぼ同様である。おそらく無限の権威、あるいは異質なものの権威は多少ましだろう」[109]。次のような仮の結論が、手がかりを与えてくれる。リオタールは私たちに、さらに踏み込んで修辞法と手を切るよう勧めている。この〈他者〉の審級について、直接的な表現は存在せず、より近い諸表現しかないであろう。それらの表現はつねに変更されるべきであり、それらを最も鋭く区別するものによって、そしてまたそれらの至高の謎によって特異である。〈他者〉と、その領野の深さを述べるためには、そうした表現しかないのである。〈他者〉は、観念をもちようがないほど壮大なのだ！

（109） J.-F. Lyotard, *Le Différend, op. cit.*, p. 54.〔リオタール『文の抗争』、前掲書、六八頁〕

訳者あとがき

内容紹介および出版の意義

本書は、Jean-François Lyotard, *Logique de Levinas*, Verdier, 2015 の全訳である。ジャン・フランソワ＝リオタール（一九二四—一九九八年）の論考が、未発表のものを含めて五つ収められ、美学・倫理学を主な研究領域とするポール・オーディによる序文、リオタールに関する単著もあり、政治哲学を研究領域とするジェラール・スフェズによる解説が付されている。

リオタールは二〇世紀を代表する思想家の一人であり、とりわけ彼の著作の日本語訳が世に問われ始めた一九八〇年代以降、日本においても一般に影響を与え続けている。たとえば、『文の抗争』（一九八三年）は既存の物語に組み込まれることのない被害者の「声にならない声」をいかに翻訳するかという「他者」との政治の根本問題を突き付けた著作である。また、『ポスト・モダンの条件』（一九八四年）はフォード主義や情報化社会の批評から、拠り所となる絶対的な価値——「大きな物語」——の終焉の時代として現代を規定し、哲学者のみならず幅広い層の読者を獲得した。

そればかりか「ポストモダン」という語が独り歩きし、思想的潮流または時代区分の名としてさえ用いられていた。この区分が意味するのは、「自由」「個人」「理性」「人間」「主体」「意識」等が理念化された近代《モダン》なる時代の終焉である。それは一方では楽観的に、われわれは世界や自分自身との新たな諸関係を複合的かつ多元的に構築しうる、あるいはそれらをつねに組み換えうる時代であるとみなされたが、他方では悲観的に、われわれは新たに求めうる指標を提示することさえ禁じられ、相対化された近代的理念の墓標の前にたたずむことしかできない時代であるともみなされた。こうした二つの見方は現在に至るまで、様々な学問領域に波及してきた。

　そうしたリオタールの思想において、一貫した参照軸となっているのが、本書が捧げられるエマニュエル・レヴィナス（一九〇六―一九九五年）である。レヴィナスはリトアニアに生まれ、主にフランスで活動した哲学者で、主体の知的理解を逃れる特異な「他者」との関係――「倫理」――の探求によって知られている。リオタールは、彼の国家博士論文をもとにした『言説・形象』（一九七一年）においてすでにレヴィナスの「道徳」「対面」「顔」「受動性」などについて論じているが、その後も生涯にわたって「他者の呼び声」を軸とした倫理学分析を彼から引き継いでいる。それにもかかわらず、これまでリオタールがレヴィナスの読者として、あるいは他者論の展開において語られることはあまりなかった。「ポストモダン」あるいは「フランス現代思想」「ポスト構造主義」等の文脈にリオタールとレヴィナスが並び含まれることはあるとしても、現在レヴィナス研究の内部で、二次文献としてリオタールが取り上げられることは、サランスキやスフェズ、あるいはフランソワ＝ダヴィッド・セバーの研究を除けば、あまりないと言っていいだろう。本書は、そうしたリオタールとレヴィナスの関係、さらには二〇世紀における現象学的他者論の展開を知るうえで不可欠な一冊である。

各論文の初出や既刊に関する情報についてはオーディによる「本書の紹介」に譲り、以下では簡単に本書の内容をみてみよう。

第一部の前半に収められているのは、本書のタイトルともなっている「レヴィナスの論理」（一九七八年）である。この論考においてリオタールは、カントの『実践理性批判』とレヴィナス倫理学のあいだの近接性と差異を示しつつ、言語化以前の「命令」、他者から到来する「命令」の可能性を論じる。リオタールはレヴィナス倫理学の筋立てを丹念に追いながら――デリダの「暴力と形而上学」とは別様に――彼のいう内在性と外在性の関係のもつれをも論じえている。またこの草稿において、『言説、形象』以来の鍵語であった「言表」や「命題」が、『文の抗争』の鍵語である「文」へとはじめて書き換えられた形跡がみられる。このことはリオタールがレヴィナスを論じながら、受け手を行為へと呼びかける「文」、主体なき「文」という発想に至り、「ポストモダン」の源泉となる独自の言語論を生みだすまでの流れを明らかにするであろう。ここには、本書の最大の功績の一つが存すると思われる。ただし、規制的言表と命令、あるいは外示的または記述的言表と命題の定義については、第二部「規制的言表における他者と、自律の問題」第2節冒頭を先んじて参照することをおすすめする。

それに続くのは、セーヴル・センターにおける一九八六年のレヴィナス・コロックでの討論録「知とは別様に」(一九八八年)である。両者にとくにかかわらない部分の省略を含むものの、その場での参加者同士の対話の調子がいきいきと再現されている。リオタールはレヴィナスの倫理学が宗教的な啓示を扱っていることについて、彼の他者論が現象学の枠組みを超えたものであることについて、さらには彼の哲学とハイデガーの存在論との近さについて、率直な問いを投げかけている。それに対する応答は簡潔だが明快なものであり、レヴィナスの思索への彼自身による評定が見出せる。やや細かいが、レヴィナスによるフッサール『イデーンII』における他者概念の再解釈もまた興味深い。

第二部最初の論考「規範的言表における他者、自律の問題」(一九七八年)では、現象学における「言説」の問題化から、記述的言説と規範的言説との差異が明確化される。一言でいえばそれは、規制的言表が、記述的・外示的言表とは異なり、本質的に註釈を拒む点にある。他の言語行為とは異なり、〈私〉と〈あなた〉が同一性を形成することなく、交換不可能な形で述べられるのが規制的言表であり、この非対称こそが命令を遂行可能なものとする。議論の最後には、両言説の差異によってもたらされる、実践的な含意も示される。本論考は、ちょうど「レヴィナスの論理」と「他者の諸権利」をつなぐ位置づけにあり、本書の適切な場所に配置されている。

「他者の権利」(英訳一九九四年)はオックスフォードでの一九九三年の講演録である。本論考では民主制と共和制――そしてそれを支える人民と市民――が対比される。前者は「誕生、言語、歴史的遺産」によって承認され、後者は「発話《パロール》への権利」を共有する。リオタールは後者において、沈黙のうちに打ち棄てられないこととしての〈他者〉の尊重を見出す。それは、言葉をもたないがゆえに聴き取られることさえない「余計者」がもたらす、彼への責任である。その声の「対話能力を超えうる力」は、もはや〈あなた〉の形象をもたない。この了解しえない声は、善悪をも、あらゆる全体化をも逃れるがゆえに、崇高なものの布置へと接続する。さらに見逃してはならないのは、人間の複数性、社会における「死」の概念をめぐる議論などに見られる、アーレントからの影響である。

最後の「刃の混乱」(一九九六年)は彼の他者論的言語論を手掛かりに、シェイクスピアの『ハムレット』の一場面を論評する美学的作品である。全体のなかではやや浮いたテキストではあるが、非人称的な他者としての〈何か〉を論じるリオタールは、他の論考よりもレヴィナスから離れた立場をとっている。また、そのことによるシェイクスピアの『ハムレット』のリオタール独自の視点での分析は、演劇的技法の固有性を明らかにしている。作品の註釈において強調されるのは、ハムレットが狂気を演じて復讐を遂げようとしたことではなく、演技のために現実には動かされるべき感情が動かなかったことの狂気、いわばハムレットの真の狂気である。それは演技というものの根本にある「無感情」という技法である。

そして本書の結びには、スフェズによる綿密な解説が付されており、本書の意義を余すところなく伝えている。リオタール固有の哲学が、いかなる視点からレヴィナスを捉えていたか、そしてそれがいかにレヴィナスの実像と切り結んでいるかが、この解説によって詳細に理解できる。彼の思想の歩みをまたぐ本書の内容を立体的に見るために、欠かせない内容となっている。

翻訳企画の経緯

訳者が本書の翻訳を企画したのは、レヴィナスの「政治」に関する著作の執筆の半ばごろだった。二次文献を調査するなかで、おそらく最も早くレヴィナスから政治的な問いを取り出した読み手の一人である、リオタールによる読解の検討が不可欠なものであると思われた。同時に、リオタールによる独自の解釈を読み進めるにつれ、彼の「ポストモダン」の思想的布置において、レヴィナスの影響は現在そうみられているよりも大きいのではないかと気づいた。両者の関係は、本書を通してもなお十分に解明されたとは言い難いが、その参照軸となりうる問題設定はおそらく出そろっているのではないだろうか。

本書の企画・刊行に際して、法政大学出版局の高橋浩貴氏には適切な助言をいただいた。また、本書の訳出にあたって、とくに以下の日本語訳を参考にさせていただいた。初めの二つについては、本書所収の論考の既訳ではあるが、どちらも初版からは二〇年以上経過していること、そしてとくに「レヴィナスの論理」は今回初出の修正稿（一九七八年版）の内容を反映していることもあり、改めて拙訳をつくったのちに参照した。
以下、列挙して出版に携わった方々に御礼を申し上げたい。

論文

「レヴィナスの論理学」『エピステーメーII［3］（レヴィナス特集号）』湯浅博雄訳、朝日出版社、一九八六年、二三二―二六〇頁

「他者の権利」『人権について　オックスフォード・アムネスティ・レクチャーズ』中島吉弘、松田まゆみ訳、みすず書房、一九九八年、一六七―一八二頁

著作

『ポスト・モダンの条件――知・社会・言語ゲーム』小林康夫訳、水声社、一九八六年

『ポストモダン通信――こどもたちへの10の手紙』管啓次郎訳、朝日出版社、一九八六年（のちに改題『こどもたちに語るポストモダン』管啓次郎訳、筑摩書房、一九九八年）

『文の抗争』陸井四郎、小野康男、外山和子、森田亜紀訳、法政大学出版局、一九八九年

『遍歴――法、形式、出来事』小野康男訳、法政大学出版局、一九九〇年

『リオタール寓話集』本間邦雄訳、藤原書店、一九九六年

『言説《ディスクール》、形象《フィギュール》』合田正人監訳、三浦直希訳、法政大学出版局、二〇一一年
『なぜ哲学するのか？』松葉祥一訳、法政大学出版局、二〇一四年
『崇高の分析論――カント『判断力批判』についての講義録』星野太訳、法政大学出版局、二〇二〇年

折しも、本訳が刊行された二〇二四年はリオタール生誕一〇〇年にあたるが、彼の思想が与えた影響を振り返るのに適切なタイミングであろう。本書がもつさらなる意義については、読者諸氏のご判断を仰ぎたい。

二〇二四年一月　訳者

《叢書・ウニベルシタス 1167》
レヴィナスの論理

2024年2月26日　初版第1刷発行

ジャン＝フランソワ・リオタール
松葉 類 訳
発行所　一般財団法人　法政大学出版局
〒102-0071 東京都千代田区富士見 2-17-1
電話 03(5214)5540　振替 00160-6-95814
組版：HUP　印刷：平文社　製本：積信堂

Printed in Japan
ISBN978-4-588-01167-2

著　者

ジャン＝フランソワ・リオタール（Jean-François Lyotard）
1924年、ヴェルサイユに生まれる。現象学およびマルクス、フロイトの批判的再検討を通じて政治・経済・哲学・美学など多方面にわたる理論的・実践的活動を展開、20世紀後半のフランスを代表する思想家・哲学者として広く知られる。パリ第8大学教授を経て、国際哲学院を設立、学院長を務めた。1998年4月死去。日本語訳に『現象学』（白水社）、『漂流の思想——マルクスとフロイトからの漂流』（国文社）、『ポスト・モダンの条件——知・社会・言語ゲーム』、『聞こえない部屋——マルローの反美学』（以上、水声社）、『経験の殺戮——絵画によるジャック・モノリ論』（朝日出版社）、『こどもたちに語るポストモダン』（ちくま学芸文庫）、『ハイデガーと「ユダヤ人」』、『リオタール寓話集』（以上、藤原書店）、『インファンス読解』（未來社）、『知識人の終焉』、『文の抗争』、『熱狂——カントの歴史批判』、『遍歴——法、形式、出来事』、『リビドー経済』、『異教入門——中心なき周辺を求めて』、『震える物語』（共著）、『非人間的なもの——時間についての講話』、『言説、形象（ディスクール、フィギュール）』、『なぜ哲学するのか？』『崇高の分析論——カント『判断力批判』についての講義録』（以上、法政大学出版局）などがある。

訳　者

松葉 類（まつば・るい）
1988年生まれ。京都大学文学部研究科博士課程研究指導認定退学。博士（文学）。フランス現代思想、ユダヤ思想。現在、立命館大学間文化現象学研究センター客員協力研究員。著書に『飢えた者たちのデモクラシー——レヴィナス政治哲学のために』（ナカニシヤ出版、2023年）、共訳書にフロランス・ビュルガ『猫たち』（法政大学出版局、2019年）、ミゲル・アバンスール『国家に抗するデモクラシー——マルクスとマキァヴェリアン・モーメント』（法政大学出版局、2019年）、エマヌエーレ・コッチャ『メタモルフォーゼの哲学』（勁草書房、2022年）などがある。